山川静夫の歌舞伎思い出ばなし

山川静夫の歌舞伎思い出ばなし

山川静夫

岩波書店

山川静夫の歌舞伎思い出ばなし――目次

Ⅲ　名狂言の力

装丁＝桂川 潤
カバー・扉イラスト＝山川静夫

＊各編の最後に初出を記載した。但し、大幅に加筆訂正を施したものもある。
＊初出の記載がないものは、本書のための書き下ろしである。

はじめに

二つの「座」

私が東京の大劇場をはじめて体験したのは、浜町の「明治座」である。昭和二十七年（一九五二）十二月興行の明治座は『仮名手本忠臣蔵《かなでほんちゅうしんぐら》』を上演していて、夜の部「六段目」で勘平をまかされていた海老蔵（十一代目團十郎）が休演となり、肥満の松緑（二代目）が代役をつとめているという。

「面白いから行ってみようよ」と友達に誘われたのを幸いに同行し、松緑の勘平を見たのだった。この観劇がド素人の私に少なからぬカルチャーショックを与えたことはいうまでもない。

翌年一月二十日、私は母が仕立ててくれた絣《かすり》の着物を着て、歌舞伎座の前に立っていた。

静岡高校を卒業して上京し、国学院大学に入学したとたんに出会った学友二人が、揃いも揃って歌舞伎通だった。それもそのはず、東京生まれで、芝居は幼い頃から親子連れで観ていたたのだから格別不思議なことではない。だが、地方出身の私には、歌舞伎座といえば、はるか遠い存在だったのである。歌舞伎の総本山〝木挽町《こびきちょう》〟の前に立った時の興奮は、その極に達していた。

ゲルピンの学生は、一、二等席はおろか、三階席にも入れず、初代吉右衛門と六世歌右衛門の『籠釣瓶花街酔醒《かごつるべさとのえいざめ》』を一幕見で見物しようというのである。

長い行列をつくって、やっと手に入れた切符。それをにぎりしめ、階段を一気にかけあがり、息をはずませながらベンチ風の長椅子席に座る。まさに青春時代のまっただなかだった。はじめて見物にきた絢爛《けんらん》たる吉原仲之町で、花魁《おいらん》の八ッ橋に出会って一目惚れする田舎者の佐野次郎左衛門そっくりに、田舎者の私はその日以来、歌舞伎にのめりこみ、銀座とも生涯縁が切れなくなってしまった。ちなみに、むかしの「木挽町」の町名が消え、今の歌舞伎座は中央区銀座四丁目―十二―十五である。

ところで、静岡生まれの私が銀座に対してひとつだけ胸を張れるのは、銀座という地名の由来である。慶長十一年(一六〇六)に家康は銀貨鋳造《ちゅうぞう》の銀座を駿府《すんぷ》(静岡)に置き、その後、江戸市街が繁栄にむかいはじめた慶長十七年に、駿府の銀座を京橋南寄りの地に移したのである。だから静岡は本家のようなものだ。

さて、銀座のまん中、歌舞伎座へ足繁く通ううちに、役者の声色《こわいろ》をいつしかやるようになった。「十七代目勘三郎はそっくりだ」と仲間からおだてられて、当時ラジオの人気番組だった文化放送の『素人ものまねコンクール』に出場することになった。

会場は有楽町蚕糸《さんし》会館ビデオホール。〝市村ブーちゃん〟こと市村俊幸《としゆき》の司会で、生まれてはじめて放送に出演できたのも銀座のおかげである。おまけに、その回の一等賞「今週のナンバーワン」になってしまい、大枚二千円をいただいた。その頃の二千円は値打ちがあり、半月ぐらいの食費としてまかなえたから、やれうれしやとポケットに入れて楽屋口を出ると、大ぜいの仲間が待っていて、その金で飲もうという。まさに悪銭身につかずの体験であった。

だが、この声色のラジオ出演が、さらに銀座との縁を深くするとは、お釈迦様でも気がつかなかっただろう。

私の放送を、偶然、楽屋で聞いていた中村勘三郎が、

「この学生さんに会いたいなァ」

と呟いたのがきっかけで、歌舞伎座の楽屋に呼ばれて勘三郎と対面したのである。昭和二十九年十一月十六日だった。

角切銀杏《すみきりいちょう》の中村屋の紋を染めぬいた暖簾《のれん》をくぐる。勘三郎は次の芝居の『廓文章《くるわぶんしょう》』の伊左衛門の顔を作っていた。私の姿が鏡にうつると、勘三郎はにこッとして振りかえり、

「よッ、今週のナンバーワン、いらっしゃい」

と、ごきげんである。

「今迄、ほかの人が私の真似をやると腹の減ったようなのばっかりだったが、あなたの声色はちがうね。どんどんやってくださいよ」

と、手放しでほめられて、硬直していた私もすっかり打ちとけ、この日から中村屋のとりこになった。

その頃、下宿は中野区上高田だった。歌舞伎にハマッてしまった私は、歌舞伎を観ない日となると、仲間を集めて柝《き》を打ちながら大声で声色をやるので、家主から疎《うと》んじられて居づらくなり、新しい下宿さがしがはじまった。ここから先は私のエッセイ「下宿」からひく(『人の情けの盃を』淡交社、所収)。


中村勘三郎と声色が縁で絆《きずな》を深めていたのを幸いに、

「どこか芝居好きの下宿はありませんか」

と相談をもちかけたのも若さの勢いというものだが、中村屋は二つ返事で、

「よし世話してやろう」

と、すぐに引き受けてくれた。その下宿先というのがふるっている。

当時、勘三郎が親友の江戸川乱歩などと足繁く通っていたＢＡＲが、銀座の「ボルドー」

だった。（中略）この「ボルドー」につとめるホステスのHさんの家はどうか、と勘三郎がいうのだ。Hさんは、五つほど年上で能面のような顔立ちのふくよかな美女だった。うちは阿佐谷でちょいと遠いんですけど、柝をたたこうと大声で声色をうなろうといっこうにかまいません、かえって老父母が喜ぶくらいですから遠慮なくどうぞ、と調子がいい。渡りに船で、私はただちに上高田のKさん宅から阿佐谷のHさんの家へ引っ越した。

ホステスの家に下宿した学生――このあたりから話は佳境に入りたいところだが、どっこい、そうはいかぬ。

いくらHさんと私がひとつ屋根の下に住む仲でも、貧乏学生にとって銀座のBARやホステスはしょせん高嶺の花であった。

「ボルドー」へ行ったのは、勘三郎に連れられてスコッチのオールドパーをごちそうになった一回だけで、ほとんど没交渉といってもよかった。ただ、Hさんが帰宅する時間と、私が芝居のはねたあと銀座の居酒屋で安い酒を飲んで帰る時間とが一致することはよくあった。

東京駅で中央線の終電にのりこむとHさんが目の前にすわっていたり、銀座の舗道や駅の改札口でばったりということもあった。

「また一緒になりましたねえ」

「あら、いままでお芝居？　今夜は中村屋さんが店へおみえになっていましたのよ」

そんなとりとめのない語らいだけで、阿佐ヶ谷駅から肩を並べてHさんの家までの道を歩いていく。昼間は繁華な道もすっかり人通りが絶え、街灯の下の影法師が長くなったり短くなったりしてどこまでもついてくるだけだ。「ボルドー」は銀座でも一流のBARであり、そこのホステスといえばかなり気位も高かったであろうから、チビた学生の私などとまちがいを起こすわけがないとは知りながらも、月の夜など一緒に歩いていると妙にロマンチックな感情が私をさいなみ、心臓がときめくのだった。芝居の世界ならば、こんな場面で、女がつまずいたり、都合よく癪《しゃく》がおこったりして、それがきっかけで結ばれるのがお定まりなのに、銀座の舗道でも阿佐谷の夜道でも、現実にはそんなことは起こらなかった。

こうして私は、歌舞伎三昧《ざんまい》に明け暮れた学生生活を終えた。難関だったNHKアナウンサーの採用通知も阿佐谷の下宿で受け取った。地方勤務の期間があり、歌舞伎や銀座との縁はしばらく小休止の状態だったが、東京勤務になってからは一気に復活する。

戦後、新橋の土橋《どばし》にあったBAR「セレナーデ」は、「芸術座」の前のガード下で、最初に連れていってくれたのは、作家久米正雄の息子でNHK芸能ディレクターの久米昭二さんだった。そして、銀座の名物ママ野中《のなか》花さんと意気投合するには、さのみ時間はかからなかった。私は何かにつけて品格を感じさせるママを尊敬したし、母と同じ歳のママは私を本当の息子の如く可愛がってくれて、自分の店が閉店になると、私たちを引き連れて何軒もなじみの店をハシゴするのが常だった。

ゲイバーの草分けである銀座の「やなぎ」もそのひとつだった。「やなぎ」のマスター島田正雄さんは、東京のゲイバーの元締めみたいな人で、男らしくて粋だった。そして、客を、芸と話術でもてなした。芸達者なお駒さんやおもちゃさんの三味線で自分が小唄を唄い、日本髪の若手を踊らせるという趣向は、しっとりとして、あくまでも品位をたもっていた。それは銀座という一流の場所にふさわしい一流のゲイ(芸)で勝負していたという気がしてなつかしい。

銀座は、絶えず私に、一流の刺激を与え続けてきてくれた。それはきっと、銀座で出会った人や銀座に住む人が一流のセンスを持っていたからなのだろう。街というものは、そこで生きている人のセンスによって左右されるのだ。一流の街は人を育《はぐく》み、一流の人は街を育む。

木挽町、勘三郎、ボルドー、セレナーデ、やなぎ……そして銀座の人よ、街よ、ありがとう。感謝の気持ちで一杯だ。

哲学者の林竹二は「学ぶとは、何かが変わることだ」と言った。私の場合、高校時代までいろいろな教育はうけたが、自分は何も変わらなかった。ところが、木挽町を入口とした歌舞伎は確実に私を変えた。人間は個体差があって感覚はそれぞれ違うが、私は、「銀座」と「歌舞伎座」という二つの「座」によって、一流の芸や品性を学ぶことができる喜びを、今も感じつづけている。

（『翼の王国』全日本空輸、二〇〇〇年十一月号）

I

芝居三昧

歌舞伎座のご馳走

東京で大学生活をおくったのは、昭和二十七年(一九五二)四月から三十一年春までである。その頃はまだ「外食券食堂」が幅をきかせており、米は国の統制下にあったが、食生活は徐々にいい方向に進みつつあった。

たしか、親から毎月おくられてくる〝仕送り〟の金額は七千円ほどで、下宿代として四千円が消え、残るは三千円。これが私の生活費のすべてであった。

衣食住というが、当時の私の関心は、衣でも、食でも、住でもなかった。そんなことはどうでもよかった。とにかく歌舞伎という文化に、一度でも多くふれることが最大の目的であり、その目的のためには、いかなる犠牲にも耐えられたのである。毎日が幸せだった。

だから、〝ご馳走〟という概念はなく、ただ空腹を満たしさえすればよく、三度の食事より

「歌舞伎」を愛していたのである。

さりとて、食べないわけにはいかぬ。一ヶ月の食費が三千円、それを日割りにすると一日百円。そばの「もり」「かけ」が二十円の時代とはいえ、一日三食の食費が百円というのは、耐乏生活の極限ともいえる状態だったのである。

いろいろと考えた末、一日百円パターンが定着した。そのメニューはこうである。

朝食——コッペパン一個、牛乳一本で、二十円。

昼食——「ホームラン軒」というラーメンのチェーン・ストアへ行くと、チャーシューぬきの大盛ラーメンが食べられ、これが三十円。

夕食——歌舞伎座三階のおでん屋で、残る五十円分の食事をする。

この夕食五十円には問題が山積していた。

屋台のおでん屋ではない。天下の歌舞伎座である。その味もすばらしいが、値段も並ではない。一人前が当時で最低百五十円ぐらいだったろうか。私の一日分の食費の一・五倍である。ところが、ここに、暖い人の情けがあった。忘れもしない、おでん屋に〝小川さん〟というママさんがいて、この歌舞伎好きの貧乏学生のふところ状態を見抜き、特別の配慮をしてくれたのだった。

たとえば、「海老巻き」とか「竹輪」や「ガンモドキ」などは一個三十円だから手が出ない。

私が食べられるのは、一個十円の大根かコンニャクが精一杯である。それを見かねて、小川さんは、三十円の茶めしを小丼にギューギュー詰めにしてくれるのである。見かけはふつうの一人前にうつるが、中味は、掘っても掘っても出てくるという仕掛けだ。その上、

「はい、お茶をどうぞ」

と、片目をつぶって出された大ぶりの茶碗の中には、最高の出し汁が、これまた、たっぷりと入っているのだ。

コンニャクと大根は、いささかわびしくとも、小川さんの情けの茶めしと出し汁は、歌舞伎ぐるいの貧乏学生の窮状をみごとに救ってくれ、一日百円の食費の枠をしっかりと守ることができたのである。それればかりではない。おでんの鍋の中で煮くずれをおこした上ネタのものを、人目につかぬよう、さっと私の皿に小川さんはのせてくれたりした。それは、私の学生時代の、すばらしい〝ご馳走〟だった。

歌舞伎座への入場料は？との疑問があろうが、ここにも「運」があった。歌舞伎座の三階席から役者に声を掛ける「大向うの会」に、熱心さを認められて入会していたからである。情けのおでんに助けられて、私は元気いっぱい毎日歌舞伎座に通い、三階席のてっぺんから、「成駒屋！」「中村屋！」と声を掛けつづけた。

そんなある日、私は大失敗をやらかした。日記によれば、昭和二十九年十一月二十二日であ

る。この月は、帝国劇場に寿海、二代目鴈治郎、扇雀（のちの坂田藤十郎）、簑助（八代目三津五郎）、十三代目仁左衛門らの関西歌舞伎の一座が東上して興行していて、私は連日、歌舞伎座と帝劇をハシゴで見物していた。

千穐楽《せんしゅうらく》も近い二十二日、鴈治郎の発案で、毎日大向うから声を掛けてくれる人たちを慰労したいという申出があり、銀座の「蛸助《たこすけ》」とかいう居酒屋の二階へ大向うの連中が集合し、鴈治郎を囲んだ。

気さくな鴈治郎は、誰彼なく愛嬌たっぷりに話しかけてくれ、若僧の私はそれに甘えて、次々にさし出される盃を片っぱしから飲んで、ベロベロに酔っぱらってしまった。

大向うの先輩が、おい、そんなに飲んで大丈夫か、いいかげんにしたほうがいいぞ、と注意してもなんのその、普段の貧しい食生活の敵討とばかり、飲みたい放題、喰いたい放題の、大虎と化した。

「そろそろお開き……」

との幹事の声を聞いたような気もするが、それも、ほとんど覚えなく、友人たちの肩をかりて、銀座通りを咆哮しながら歌舞伎座の三階席にたどりついた。

そこまではまだよかったが、あとがいけなかった。三階の廊下のソファに横になったとたん、胃袋がひっくり返るほど突き上げたかと思うと、もはや我慢できず、廊下を汚してしまった。

さあ大変、周囲の人は右往左往。友人や三階席の案内の女性たちは、あわてふためいて掃除をするやら、私の背中をさするやら。

幸い、開幕中の廊下だったので、一般の観客には気付かれずにすんだものの、歌舞伎座での大醜態は、拭うべくもなかった。

翌日、泣きの涙で菓子折を買い求め、三階の星野さんという責任者のところへ行って平身低頭であやまったが、その時しみじみと、ふるまい酒ほどこわいものはないと反省したものである。

いま、あれから七十年ちかくの歳月がすぎて、学生時代の出来事はすべて、恥ずかしくもなつかしい想い出となっているが、こと「食べ物」とか「ご馳走」に関しては不変の真理が存在することに私は気付く。

「ご馳走」とは、自分の金で、自分の好きなものを、自分の好きな時に、自分にふさわしい量だけ食べること、それがおいしければ、これぞ最高のご馳走だと思うのである。

よそ様にお金を出していただいて高価な料理をお招《よば》れすることは、有難いことではあるが、それが必ずしも〝ご馳走〟とならないことだってある。食べたくもないものを、多少のお世辞をいいながら胃につめこむときのむなしさや、飲みたくもない酒を次々につがれて無理に飲み、あとで二日酔に苦しむことを考えれば、たとえ粗末な食事でも自分のペースでこなせることは、いかなる他人のご馳走にも優る、と確信するのである。

そういえば、小沢昭一さんとの対談のときに、小沢さんは、こんな話をされた。

「もしも、ぼくが死んでから、神様が、お前が生前に経験した一生のうちで一番幸せだったとおもう日があれば、それをもう一度だけ叶えてやろう、とおっしゃったとします。いろいろ迷うでしょうが、ぼくはやっぱり、小学生のころ、学校の横の小さな神社の境内で、蝉をとったり、木にのぼったり、泥んこになって遊んだころの、あの〝子供のころの一日〟を神様からいただくことにします。幸せは、ささやかなるが極上ですね」

本当にその通りだ。私も間違いなく、一番幸せだったのは、寝食をかえりみず歌舞伎に没入できた貧乏学生の時代であり、あの時に一日百円で食べていた食事、ことに、人の暖い情けのこもった歌舞伎座三階のおでん屋の食事が、生涯最高のご馳走である。

飽食の時代でも、大切なのは日常の食事であり、大料亭や大ホテルの一流の料理より、空腹のときの一膳のお茶漬がおいしいのは、庶民感覚の〝ささやかな幸せ〟を、いつもどこかで私たちが求めつづけているからなのだろう。

（暮しの手帖別冊『ご馳走の手帖』暮しの手帖社、一九九一年十一月）

三階席の幸せ

歌舞伎になじみのない若い人から、よくたずねられる。

「歌舞伎を見たいのですが、どうすればいいのですか」

私は、いたずらっぽく、

「チケットを買うんです」

と、こたえる。決して見下しているのではなく、宝くじも買わなきゃ当たらないのと同じだからだ。

「へぇー、チケット買えるんですか」

「もちろん買えますよ」

「どこで売ってますか」

「劇場です」

「ありますか」

「ある時とない時があります」

「…………」

「前売りの日がきまってますから、その日に劇場へ行けば、間違いなく買えます。今はスマホで予約できますよ」

「お高いんでしょうね、歌舞伎って」

「高いところもありますが、三階席は安いですよ」

こんな問答があっても、歌舞伎に関心を持ってくれたと思えば苦痛ではない。「かつて自分もそうだったよなァ」と、かえってなつかしさを覚えるほどである。

学生時代、歌舞伎通の友人に誘われて歌舞伎を見たのがきっかけで、私は歌舞伎にハマり、ハマッたおかげで、運もひらいた。

かつて、日本映画に登場する男女のお見合いの場所というと、歌舞伎座が多かった。フワフワのじゅうたんの上を着飾った人たちが、しゃなりしゃなりと歩いているシーンは、強烈な歌舞伎座のイメージだった。高級感に満ちあふれていた。だから、歌舞伎は高いもの、という印象が強く、学生の分際ではとても無理だと私も思っていたのだが、通いなれた友人によって見方が変わった。三階席でもけっこう歌舞伎は楽しめるし、一幕見の立見席だってある。ここならば映画より安いくらいの料金である。

ツメ襟の私たち学生は、あらゆる他の出費を最小に押さえて、すべての小遣いを三階席につぎこんだ。友人は、芝居のさなか、いいマで「音羽屋！」「成田屋！」と三階席から声を掛ける。私はそれにもノメリこんだ。学生服を着た学生たちが、連日、朝から晩まで三階席に陣取って声を掛けている姿は異様であったが、この異様さが効を奏して「大向うの会」に入会を許され、木戸御免つまりフリーパスとなって掛声に専念できるようになった。たしかに運もよかったが、我々の歌舞伎に対する情熱が何よりもまさったのだと思う。

渋谷から地下鉄で行けば十五分で銀座に出られるのに、運賃を節約するため往復十五円の都電にガタゴトと四十分もゆられて歌舞伎座に着き、長蛇の列に並んだ日々がいとおしい。そしてまた、そういう苦労をして見ていた歌舞伎のほうが楽しかった。

「歌舞伎は、どう鑑賞したらいいのですか」

という質問もよくうける。

歌舞伎を、こう見なければならない、などというきまりは一つもない。どう見ようと自由である。しかし、それでは、あまりにも素っ気ないので、私は、こういう。

「まず、とにかく見て、あなたが一番興味を持ったところを重点的に深めていくのです。女形を見て、なぜ歌舞伎は男性が女の役をやるのかと、もう少し見続けて考えてみる。あるいは、他の演劇にない花道が歌舞伎ではどう生かされるか。役者でタイプの人がいたら、その人の舞台を集中的に見にいく。そのほか、舞台機構とか色彩感覚、ツケや柝、歌舞伎につかわれる音楽。歌舞伎のさまざまな要素の中に、どれでもいいですから、まず一つ自分の入口を見つけて下さい」

歌舞伎はじじむさいもの、古いもの、と考えている人がいたら、大きな間違いで、こんなにみごとな総合芸術はない。歌舞伎でつかわれるセンスは、どうしてどうして、とてもユニークで、新鮮で、国際的にも胸を張って通用する。このことは、今や外国人のほうがよく知っているくらいだ。

外国人から歌舞伎についてたずねられ、あわてふためくようでは困る。歌舞伎に限らず、江戸文化には、世界に冠たるものが多く、もっと日本人は自分の国の文化を知らなければ恥ずかしい。とりあえず歌舞伎を外国人より先に、三階席で見ておくことだ。

歌舞伎をテレビで中継するには少なくとも三台のカメラを一階に設置する。客席の正面後方からの舞台全体を見せるカメラ。そして、上手と下手の桟敷席後方にそれぞれ一台ずつのカメラ。これが絶対条件だったが、時によっては二階席から俯瞰《ふかん》で写すカメラがプラスされた。この少し上から撮る映像が実はすばらしく、特に花道の出を見せる場合は、歌舞伎の美しさを存分に表現できた満足感が忘れられない。

もとより、私は学生時代から、三階席からの俯瞰ショット的見方になじんでいたので、余計そう感じたのかもしれないが、歌舞伎を見るアングルは、人それぞれに好みが違うし、芝居によっても異なる。

『助六《すけろく》』の出端《では》の場合、一階席で見れば、助六の顔が実によく見え、細やかな表情まで観察できるし、衣裳の工夫もよくわかるが、むきみの隈《くま》は三階席（ロング）から見たほうが映える。また、三階席の袖から見下ろすと、助六の蛇の目の傘がまことに効果的に働いていることがよくわかるが、一階ではさほどには感じられない。つまり、ロングからの視角は、歌舞伎の様式美を味わうには、とても有利だと私には思える。

また歌舞伎の特性は、男が女を演ずる「女形」もその一つだ。そのための化粧や扮装はいささか誇張されている。もちろんアップでも美しいが、少しピントをずらして眺めたほうが、より美しく感じられることが多く、これも三階席から見てなんの不満もない。

『対面』を三階から見ると、登場人物の配置が実にみごとなフォーメーションを形成していて、歌舞伎の智恵に感心させられる。そして、あらたに気がついた。平面的に見れば大磯の虎と化粧坂少将が横一線に座っているように見えるが、三階席からは、格上の大磯のほうがほんの少し前に座っているのがわかる。こうした人物の配置は一階席からは観察できない。しかし、大磯と化粧坂の豪華な衣裳を細やかに楽しむためには一階席が断然有利だ。総じて、一階席から見れば平面的ながらシャープな視野で細かい部分がよく鑑賞できるし、三階席からは立体的な楽しみ方ができると言えよう。

三階席の特権は、歌舞伎独特の舞台機構を存分に味わえることかもしれない。まず「大道具」のすごさだ。廻り舞台がゆっくりと回転していくうちに、あれよあれよで、たちまち舞台の様相が一変する。それを三階席で居ながらにして見下ろしている幸せ、なんとありがたいことではないか。

『弁天娘女男白浪《べんてんむすめめおのしらなみ》』の「極楽寺屋根上」の場の立廻りも、立体的にたっぷりと楽しめる。トンボを返った捕手《とりて》が屋根から下へ落ちた後、一階席ではわからないが、三階からはその落下した捕手が身をかがめて左右の袖に逃げていく様子まで確認できるのはご愛嬌だ。その後「がんどう返し」で、弁天小僧が大屋根上に立腹《たちばら》のままで踏ん張る姿を最後まで見届けられる。

さらに「山門」から「土橋」へのセリ上げだ。深さ約十六・四メートルの大ゼリを駆使して、日本駄右衛門と青砥《あおと》左衛門藤綱を対峙《たいじ》させる舞台転換でも、あの幅広い歌舞伎座の舞台全面をつぶさに視界に収められるのだ。

『将門』の幕切れは、「屋体崩し」である。相馬の古御所が崩れ落ちる場面は、これも大道具の見せどころだが、三階席からの俯瞰ショットが、その圧巻ぶりをあますところなく見せ、効果的だ。

建て替え前の歌舞伎座の三階席や幕見の泣きどころは、花道がまったく見えないということだった。なんとか「七三」なりとも花道を見たい、見せたいという思いは、劇場側も同じだったと思う。新しい歌舞伎座が完成した時、柿落《こけらおとし》初日に入場した私は、すぐに三階席に駆け上がった。そして「七三」まで見えることを確認し、喜んだ。長年の夢が叶ったような格別のうれしさだった。ただ、たしかに五代目歌舞伎座では、三階席からも花道の「七三」までは見えるのだが、残念ながら揚幕《あげまく》は見えない。でも、音による楽しみ方が三階席の見物にはできるはずだ。

平成二十五年(二〇一三)四月歌舞伎座公演『弁天娘女男白浪』の「勢揃い」の場を例にとる。舞台をふさいでおいた浅黄幕を、「カーン」という冴えた鐘の音を合図に切って落とすと、三階からも桜が満開の稲瀬川堤がしっかりと目に入る。

早間の前弾き三味線が、なんとも景気よく鳴って五人男の出を予感させ、三階席は色めき立つが、まだ役者の姿は見えない。耳を澄ませて待つ。〽白浪の、ここに寄するや江の島の……唄と鳴物につれて、まず弁天小僧の出である。

「チャリーン」(揚幕の音)

菊五郎だ。「音羽屋!」と大向うから声が掛かる。花道を出た弁天は、ほどよい位置で「志ら浪」の傘をかついで片足を踏み出し見得をする。これも三階席から見えないが、見得が極《き》まった時ツケが打たれるから、紫の着付に菊と白蛇と琵琶を染め出した弁天小僧の伊達姿を想像するのだ。ここの見得は五人男みんながやる。これを俗に〝愛嬌〟と言う。

〽初音と名さえ忠信が……続いて忠信利平の出、三津五郎「大和屋！」。これも唄の文句でわかる。〽一重か八重か夕霞……三番目は「萬屋！」時蔵の赤星十三郎、五人男のなかで随一のやさ男である。

鳴物が「テレテレツク、テンドドドン」とひときわ景気よく、〽世にもとどろく雷の……で南郷力丸の荒々しい出、「高島屋！」と声が掛かる。左團次だ。

そして、最後は〽沖をこえたる親船の……の、ゆったりとした鳴物と唄で大親分の日本駄右衛門が悠然と現れる。「播磨屋！」吉右衛門だ。大向うの掛声は絶対に必要だ。

三階席からは揚幕を出た直後の役者の姿や仕草は見えないが、「チャリーン」という揚幕の音、唄の文句、鳴物の調子、ツケの音によって、想像の世界に遊べる。そして、本舞台で五人男が揃う時の喜びが倍増するのだ。

私も学生時代は貧しかったが、とにかく三階席から安い料金で歌舞伎が見られるのは最高の幸せだった。三階席の客はみんな本当に歌舞伎が好きな連中だった。だから交わす話も、わかりやすく、いきいきとしていた。

かつて、東京大学名誉教授でドイツ文学者の手塚富雄さんが歌舞伎について話された言葉が、今も忘れられない。

「学問というものは、どうも難解をありがたがる風潮がありますが、あれはいけません。文学というものも、生きていなければいけない、力がなくてはいけない。それに何よりも、わかりやすくなくてはいけないのです。歌舞伎も同じです」

（『演劇界』演劇出版社、二〇一三年九月号）

声色で楽しむ黙阿弥の舞台

歌舞伎ファンになった初期の頃、芝居仲間の集まりでほどよく酒が回ると、年長者から必ず若手に声が掛かったものだ。

「おい、声色でもやれよ」

これが定番だった。

カラオケなどのない時代、役者のセリフを真似る〝声色〟は宴会の余興には重宝で、絶えずこの趣向がつきまとった。だから、何かひとつ役者のセリフを真似できないかと努力し、そして、まず取り上げるセリフは耳に馴染んだ黙阿弥物になった。

七五調のリズムは、古くから日本人の感性にいちばん合っており、詩歌や俳句でお馴染みだ。つまり黙阿弥の専売特許ではないが、黙阿弥の知識欲は旺盛で、読書好き、落語好きという趣味も作用して、聴いているだけで快感を得られるような名調子を練り上げたのだった。

私の学生時代、東京・世田谷の三軒茶屋に古本屋があって、そこに六代目菊五郎の『髪結新三《かみゆいしんざ》』とか初代吉右衛門の『河内山《こうちやま》』のレコードが売られていた。これに目をつけた私は、そのレコードを購入して、毎日毎日聴いていた。黙阿弥のセリフが最高潮に達して光を放つところは、ちょうど、歌劇の〝アリア〟のようで、主役が自分ひとりいい気分で歌い上げるのだ。「月も朧《おぼろ》に白魚の」の『三人吉三《さんにんきちさ》』や、「知らざァ言って聞かせやしょう」の『弁天小僧』などは、その代表的な〝歌舞伎のアリア〟で、声色好きにはなんともたまらぬところなのである。

レコードの『髪結新三』では六代目菊五郎の新三のセリフに惚れぼれしたが、ナマの舞台の新三を初めて見たのは、昭和二十八年(一九五三)五月の歌舞伎座で、二代目松緑の新三だ。

六代目の新三は、レコードで聴くしかなかったが、実に見事な江戸ッ子のセリフ廻しですぐれた〝草書体〟を感じさせた。松緑は〝行書体〟か〝楷書体〟という印象だったが、その男性的な美しさと意気のよさは、鮮度のいい初鰹のごとき新三になっていた。

十七代目勘三郎の黙阿弥物の見始めは『河内山』の松江侯や『吉様参由縁音信《きちさままいるゆかりのおとずれ》』の湯灌場《ゆかんば》吉三だったが、松緑の新三を見た翌月の歌舞伎座、『盲長屋梅加賀鳶《めくらながやうめがかがとび》』の勘三郎の道玄が強く印象に残っている。初代吉右衛門の松蔵を向こうに回して「こんな面白い道玄はあるまい」と思えるほどの十七代目で、愛嬌たっぷりのうえに眼が効いていて、そこに色気もあった。この時の筋書に、歌人の吉井勇が「勘三郎の芸のいみじさあぢはひて按摩《あんま》道玄憎みたまふな」の一首を添えている。

これがきっかけで、私は「もとより話の根無し草……」のセリフを盛んに声色に取り入れ、機嫌のいい時の勘三郎の道玄と、機嫌が悪い時の勘三郎の道玄を、十七代目の前で披露して、おおいに笑わせたものだ。

黙阿弥の七五調のセリフの心地よさは、芝居の外題に添えて内容を要領よく説明する「角《つの》書《がき》」(長いものは「語り」)にも表れている。一例を挙げれば、『加賀《かが》鳶《とび》』の「派手《はで》な喧嘩《けんか》に名も響く　雲に稲妻半天《いなずまはんてん》の　模様《もよう》に縁《えん》の初雷《はつがみなり》」は、木戸前〝勢揃い〟の魅力を語り、また『髪結新三』では、「たれ白子《しろこ》屋《や》の名代娘《なだいむすめ》が　見世《みせ》の手代《てだい》の忠七と　忍びいでたる時鳥《ほととぎす》　啼《な》く音《ね》血を吐くいましめの　縄より太き髪結の　新三《しんざ》が内《うち》へ弥太五郎《やたごろう》が……」と、芝居の筋を端的に調子よく説明しており、そこから七五調の能力がうかがえるのである。

落語好きの黙阿弥は、シャレをうまく使ったり、〝〇〇づくし〟などの趣向も、おおいに用いて喜ばせてくれる。お馴染みの『河内山』の名ゼリフでも、「腹に企《たく》みの魂胆《こんたん》を、練塀小路《ねりべいこうじ》にかくれのねえ」とか「衣でしがを忍ぶが岡」、あるいは「仕かけた仕事の、曰窓《いわくまど》」など語呂合わせを多用し、『加賀鳶』では、お兼が「按摩按摩と番頭さん、あんまり馬鹿におしでないよ」と笑わせる。

『髪結新三』では、あの名ゼリフのなかに「ニコニコ笑った大黒の」「口をつぼめたから傘」「相合傘《あいあいがさ》」「ろくろ」「はじきにされた」「柄《え》のねえ所へ柄をすげて」「油紙」「やぶれかぶれ」「白張りの」「番傘《ばんがさ》」「べったり印」と〝傘づくし〟の趣向を存分に聴かせてくれる。こんなところにも黙阿弥の〝遊び心〟と〝才能〟がうかがえるのだ。

『白波五人男』の「稲瀬川勢揃い」は、役者も、観客も浮き立つものだが、ここにも黙阿弥のこまやかな神経を感じる。とにかく、同じ七五調でも、場面によっていろいろ使い分けたいという、黙阿弥のサービス精神を感じられる。

それだけに、いざ黙阿弥のセリフを口にしてみると一本調子になりがちで、その表現方法はとても難しい。一人ひとりのセリフ術も大切だが、登場人物全体の連係プレーで、重ねていったり、マをもたせたり、ハーモニーを奏でたりして、変化をうまく取り込むと、黙阿弥の世話物のセリフはより面白くなるのではないだろうか。

黙阿弥は、〝善〟から〝悪〟に変化する人物、例えば『十六夜清心《いざよいせいしん》』の清心や『鋳掛松《いかけまつ》』の松五郎が心変わりをして悪党になる場面でも、清心のほうは「こいつぁ滅多に死なれぬわぇ」だし、松五郎は「こいつぁ宗旨を変えざぁなるめぇ」と、同じ表現は使わない。たくさんの世話物を書いた黙阿弥の苦労がわかるような気もする。

あの調子のよい〝厄払いめくセリフ〟によって、世話物の芝居を盛り上げ、時代がどんなに変化しても、今も私たち歌舞伎ファンを楽しませてくれる。その黙阿弥の存在感はケタはずれで、近松や南北と並んで〝歌舞伎の三大作者〟といってもよい。今日も私は、黙阿弥のセリフを口ずさみ、黙阿弥のセリフを楽しんでいる。

（『演劇界』演劇出版社、二〇一六年四月号）

「第一回東宝歌舞伎」の思い出

これまで、いろいろな雑誌や書物に、学生時代から親交のあった十七代目中村勘三郎との思い出ばなしを書き、十七代目の声色で早替りのお手伝いをさせていただいたことを仄聞《そくぶん》された方々から、よくたずねられることがある。

「山川さんは勘三郎の声色で蚊屋《かや》の中でうなっていたとか、駕籠《かご》の中からセリフを言ったとか、さまざまうかがいますが、どちらなのですか?」

それに対する私の答えは、こうだ。

「どちらもやりました」

そうなのだ。昭和三十年(一九五五)六月の新橋演舞場での『巷談宵宮雨《こうだんよみやのあめ》』で、勘三郎扮《ふん》するなまぐさ坊主龍達《りゅうたつ》が毒を盛られ、蚊屋の中で苦しむくだりで、私が声色で時間かせぎをしたのが一つ。更に、翌月七月、東京宝塚劇場の第一回東宝歌舞伎『盲目物語《もうもくものがたり》』で、駕籠（正しくは乗《の》り物《もの》）の中から、秀吉役の勘三郎に似せて、お茶々《ちゃちゃ》の扇雀（のちの坂田藤十郎）とセリフのやりとりをしたのが二つ目。つまり、私は学生時代に、蚊屋の中からと、駕籠の中からと、一ヶ月二十五日間の二興行に、姿を見せない〝舞台出演〟をさせていただいたのである。

青くさい大学生にこんなことをやらせた十七代目中村勘三郎という面白い役者との出会いに、今更ながら「縁《えにし》」とか「運」を感じざるを得ない。

思えば、昭和三十年という年、私は自分にとって好運な縁の糸を、意識することなく自身にたぐり寄せていた。

昭和三十年の一月と二月、十七代目勘三郎は『助六』を水入りで演じ大評判だった。その上、五月三十日には哲明《のりあき》（のちの十八代目勘三郎）が誕生したのだから御機嫌のよいこと。まさに絶好調の時といってよかろう。

その翌月、新橋演舞場で夜の部に『巷談宵宮雨』を出し、勘三郎の龍達で初日を迎えたところ、毒を飲まされた龍達が蚊屋の中の暗闇で、恐しい面相に変化する時の化粧がどうもうまくいかない。困った勘三郎は、翌日、まったく素人の私を呼んで、

「暗闇の中で化粧はできない。ぼくが裏へ抜けて怖い顔をつくるあいだ、あんたが声色で苦しんでいてくれ。化粧が終ったら、また入れ替わろう」

との提案だ。私は、いったん「とんでもない、そんな大役できませんよ」と断ったが、中村屋は強引でとうとう引受けることになってしまった。その頃、勘三郎の声色は不思議にそっくりだったが、とにかく、二日目から黒衣を着て蚊屋の中にひそみ、毒を盛られた勘三郎の龍達が入ってくると、十四代目の勘弥や二代目又五郎を相手に、声色でやりとりをしたのだった。のちに人間国宝になった又五郎のおいいちに、

「苦しいよ、水をくれ……」

などと言うと、又五郎が、

「あい、おじさん、水だよ」

と、水を差し出してくれるのだから、いま考えると、もったいなくて身ぶるいする。

こうして千穐楽まで毎日、毒を盛られた龍達の声を、蚊屋の中で演じ、観客はだまされていたのだから、少しは自慢もしたくなる。この舞台は大成功で幕をおろした。

更にその翌月、昭和三十年一月、それまで進駐軍《しんちゅうぐん》に接収され「アニー・パイル劇場」と呼ばれていた東京宝塚劇場が、東宝に返還されることになり、東宝・松竹合同の大きな企画が持ち上った。七月公演の「第一回東宝歌舞伎」である。

東宝側から、舞台出演を主とするようになった長谷川一夫、当時の大人気スターの女形二代

目中村扇雀。松竹側からは六代目歌右衛門、そして十七代目勘三郎。この四人が揃う豪華公演が実現することになったのである。

出し物は『盲目物語』『春夏秋冬』『帰って来た男』の三本立で、当初は八代目幸四郎（初代白鸚）も出演するはずだったが、ある事情で出られなくなり、『盲目物語』では勘三郎が盲目の按摩《あんま》弥市《やいち》と木下藤吉郎の二役を演じることになった。

しかし、大詰の第三幕で木下藤吉郎が弥市ら貧民に金銭を恵むシーンをどうするかが問題である。金を恵むのも、金をもらうのも勘三郎なのだ。困った勘三郎は、再び「山川だ」と、私の声色を利用することを思いつき、相談を持ちかけた。

「藤吉郎が乗る駕籠の底を半分ほどぶち抜いて、舞台の切穴《きりあな》の上に置く。ぼくは藤吉郎を演じつつ、その駕籠に乗って乗物の扉を閉める。すぐにセリが動いてぼくは奈落《ならく》に降りるが、観客にはわからない。山川さんは奈落の底で待機していて、すぐぼくと入れ替り、セリに乗って上り駕籠に入って、中からお茶々役扇雀とあんたの声色でやりとりする。その間に、ぼくは藤吉郎から弥市の扮装となって舞台の上手から貧民の群れにまぎれて出る。どうだろうか」

こんな勘三郎のたくらみに、私は大冒険をするはめになってしまった。

舞台初日、東宝劇場の奈落で待機していると、計画通り、勘三郎がセリに乗って降りてきた。私は中村屋と入れ替ってセリで上昇し、難なく駕籠に入った。扇雀が近づいて話しかける。

茶々「殿、今日一日ごくろう様でございました」

私は勘三郎の声で重々しく対応する。

藤吉郎「この上、あとねだりはなかろうな」

茶々「ご安堵《あんど》遊ばせ」

藤吉郎「もうこれで許してくれよ」

（二人が声を立てて笑い合う）

藤吉郎「早や、行けェー」

静まりかえって客席が不気味だった。

諸士四人が私の乗った駕籠を持ち上げる。私は底が半分ない駕籠に必死でしがみついている。

観客は、中に入っているのは勘三郎と信じているから「十七代目！」「中村屋！」と声が掛かる。こうして私を乗せた駕籠が花道の揚幕《あげまく》に消えたとたん、客席から拍手とどよめきが起った。たった今、花道を引っ込んだはずの勘三郎が弥市となって舞台にいたのだから……。

早替りの趣向は大成功で、私は、二十五日間、勘三郎の声色で芝居の手伝いをしたのである。

そして『盲目物語』も、長谷川一夫主演の『帰って来た男』も、好評のうちに幕を閉じた。

この興行の中幕『春夏秋冬』は、まことに絢爛豪華《けんらんごうか》だった。歌右衛門、扇雀、長谷川一夫、勘三郎、この大スター四人が、長唄『菖蒲浴衣《あやめゆかた》』の三味線・鳴物にのって、四つの切穴から同時にセリ上ってくる時の、あの客席のどよめきと興奮は、忘れられない。

こうして「第一回東宝歌舞伎」は終ったが、その後の東宝歌舞伎でも『春夏秋冬』は、毎興行の定番となった。そして私は、昭和三十年、六月は蚊屋の中で、七月は駕籠の中で、勘三郎と共に汗を流した。もちろん、勘三郎は熱演の汗、私はひや汗である。

自画自讃のようで恐縮だが、第一回から数えて十一年目の東宝歌舞伎の筋書に劇評家の三宅周太郎が、うれしい記事を書いて下さった。感謝と共に一部抜粋しておく。


思い出すのは、第一回の時の好況である。歌右衛門も加入して異例のはなやかな公演となって、谷崎氏原作、宇野信夫脚色『盲目物語』がヒットした。むろん、勘三郎は秀吉(藤吉郎)と盲人弥市の二役早がわりだったが、その頃若い某大学生で、歌舞伎好きで勘三郎のファンがいた。彼もまた器用で特に勘三郎の声帯模写、声色(こわいろ)がうまいので有名だった。そこで勘三郎と親しくなって、舞台で秀吉と弥市とかわる時、時には楽屋訪問をしているこの大学生に、その一つの役の声色をカゲでつかわせたそうだ。が、それがうまい結果、彼いうせりふと思って、観衆は声色と気づかぬので評判になったそうであった。

近年、私は大阪のＮＨＫアナウンサーで芸能に明るい若い人と知り合った。そして歌舞伎や文楽の解説で彼と対談をした。まだ若いのにそれらに明るい前途有望な人だ。が、そのアナウンサーこそ、かつての勘三郎のファンで、その声色のすばらしくうまいY君だった。

エレベーターに乗る時、私はいつも、学生時代のセリの昇降を考えつつ、好運に感謝する。「エレベイト(elevate)」という言葉には「上げる」「高める」「元気をつける」「向上させる」などの意味もあり、セリによるアルバイトは、その後の私の人生に大きなプラスとなった。

蘭平三代

私が、歌舞伎ファンとして駆け出しの頃、昭和二十八年(一九五三)九月だった。明治座の昼の部に『敵討天下茶屋聚《かたきうちてんがぢゃやむら》』が出て、この芝居がとても気に入ってしまった。『天下茶屋』は、今でも〝私情で選らぶベストテン〟入り間違いない。これについては過去の私のエッセイで、存分に紹介しているから、ここでは省略するが、二代目松緑の元右衛門《もとえもん》、九代目海老蔵の東間《とうま》、三代目左團次の伊織《いおり》などがそれぞれ役柄にはまった好演で、腕助《うですけ》を演じた市川照蔵《てるぞう》も実に面白かった。

昼の芝居で満腹したあと、夜の部の最初に出たのが、松緑が大奮闘する『蘭平物狂《らんぺいものぐるい》』だった。この芝居、素人にはなじみがなく、海老蔵と梅幸の『藤十郎の恋』や、新内朝太夫《しんないあさたゆう》が特別出演する『東海道中膝栗毛《とうかいどうちゅうひざくりげ》』といった他の出し物の方に関心が高かった。『蘭平物狂』のストーリーが複雑なこともあって、松緑が切望した役とも知らず、軽く観ただけだったことは、我ながら恥ずかしい。しかし、菊五郎劇団が得意とするタテ(殺陣)の激しさは強い印象として残った。これが、二代目松緑と繁蔵役の左近(初代辰之助)父子が揃って初演の『蘭平物狂』だった。あとで「もったいないことをしたなァ」と悔《くや》んだものだが、なんという好運か、その翌年昭和二十九年十月の歌舞伎座で、初演とほとんど変らない配役で再演されたのである。

この時は、じっくりと観た。改めて『蘭平物狂』のタテのすごさに圧倒された。広い歌舞伎座の舞台をいっぱいに使っての大立廻りだから、主役の蘭平は大変だ。大ぜいの捕方は、十手《じゅって》、六尺棒《ろくしゃくぼう》、梯子《はしご》、刺股《さすまた》、突棒《つくぼう》などを使ってかかってくるし、それも長時間だから、よほどの体力が必要だ。この時、松緑は四十一歳だった。

タテのクライマックスは、花道に立てた大梯子に、いかにも軽ろやかに登って見得をするところで、もちろん観客はよろこぶが、坂東八重之助というタテの名人が指導する捕手には危険が待っている。また、捕手が井戸館《いどやかた》の屋根から、脇の燈籠にトンボ返りで降り、更に平舞台へと返るスゴ技《わざ》には、傷害保険がかかったというから、ものすごい。実際、指導者の八重之助も、誤って大けがをしている。

とにかく、タテはハラハラドキドキで存分に楽しんでいいのだが、忘れてはならないのは、刃物を見ると狂人になってしまう蘭平という父親と、その一子繁蔵との、父子の情である。

仏教の教えで、仏の〝慈悲心〟とは「抜苦与楽《ばっくよらく》」だという。抜苦は「苦を抜き去る父の愛」、与楽は「楽を限りなく与え続ける母の愛」のことだ。蘭平は激しいタテのあげく、君命によって父親に縄をかけなければならない我が子を見て、手柄をたてさせてやりたいとの「情」にひかれ、縄にかかろうとするのだ。これぞ、父の愛「抜苦」なのだろう。

二代目松緑は、実の息子左近と、芝居のストーリー通り、蘭平と繁蔵役を親子で演じることができたし、それが、〝まことの情〟となって、観客にもよく伝わった。

この時の左近は、やがて初代辰之助となり、新之助(十二代目團十郎)、菊之助(七代目菊五郎)と共に、〝三之助〟と称されて、歌舞伎若手の大きな三本の柱として人気を独占した。踊りのうまい辰之助は芸風が父親に似て、豪快な『勧進帳』の弁慶をはじめ、父親が得意とした主役級の役を次々に好演し、私は『暗闇《くらやみ》の丑松《うしまつ》』など大好きだったが、病を得てあっけなく逝ってしまった。本当に惜しい役者だった。蘭平は四度ほど演じたものの、長男嵐《あらし》君(現松緑)との父子共演は実現できなかった。

その嵐君も、いつしか成長し、蘭平を演じるまでになっていた。平成十一年(一九九九)十一月の歌舞伎座では、初代辰之助十三回忌追善と合わせて、『蘭平物狂』のタテに功績のあった坂東八重之助の十三回忌追善をも銘打った興行が催され、二代目辰之助(現松緑)は三代目の蘭平として登場する。

平成十一年十一月五日、私は期待をこめて拝見した。眼目の立廻りになって、辰之助はなかなかしっかりしていた。多くの見得のキマリも立派で、静から動へのメリハリがうまく仕分けられていた。しかし「繁蔵ヤーイ」の「ヤーイ」に、もう一つ高い調子が欲しいと思ったし、歩き方にも不満があったと、当時の日記に私は書いている。だが、とにかく、『蘭平物狂』の主役を立派に果せるまでに成長した辰之助を大いに祝福したのはいうまでもない。

その三年後、辰之助が四代目松緑を襲名した時も『蘭平物狂』を出して、〃蘭平三代〃を確固たるものにした。

更に、平成二十六年六月、長男左近の襲名初舞台で、息子を繁蔵役に起用したことが、私はなによりうれしかった。久しぶりに実の父子で演じる『蘭平物狂』が実現したのである。

「ああ、これで、二代目松緑や初代辰之助の供養ができたなァ」

と、感慨もひとしおだった。

ひな鳥の頃

学生生活を終えた昭和三十一年(一九五六)春、私はNHKアナウンサーとしてスタートした。新人アナウンサーは、四月から三ヶ月間の研修を命じられる。

当時、内幸町《うちさいわいちょう》にあった「放送会館」の裏手にある研修所で、さまざまな分野の講師を招いて、アナウンサーとして欠くべからざる知識を伝授された。その講師の顔ぶれの豪華さには今考えても身ぶるいするほどで、言語学の土岐善麿《ときぜんまろ》、音楽評論家の堀内敬三《ほりうちけいぞう》、邦楽研究家の吉川英士《きっかわえいし》ら、その道の権威者から教えをうけたのは幸せというほかはない。

研修は、研修所内だけでなく、国会、証券取引所、測候所、各種競技場、劇場など多方面の見学も行われた。その中に「歌舞伎座で歌舞伎を観る」という科目もあり、これは〝自家薬籠中〟のものとして、心がはずんだ。

昭和三十一年五月下旬発行の『放送』という雑誌に「消えたヒナ鳥」というタイトルで、こんな小文が掲載されている。

目下養成中のヒナ数名が、木津《きつ》川《がわ》御大（養成主任アナウンサー）に引率されて、この間、歌舞伎座へ見学に出かけた。

ところが、その中の一人が正面玄関のキップ係嬢と顔なじみらしく「ヤアヤア」と心やすい挨拶を交わし、みんなと一緒に一等席へおさまったまではよかったが、しばらくするとその先生、座席にいなくなり、ついに終演まで行方不明。

責任者の木津川享をはじめみんな気を揉《も》んで帰りそびれているところへ、ヒョックリ姿を現わしたこの不届者、実は〝やあやあ会〟（三階の大向《おおむこう》へ陣取って役者へ掛声をかける御定連の会）の会員で、一等席では気分が落ちつかず、古巣？の三階へフラフラ上って行って、「コウライ屋ァ、オモダカ屋ァ」とやっていたものと判明。

その場は木津川教官の説諭だけですんだが、あとでこれを聴いた小沢（寅三）演劇班々長、ニコニコしながら「チツジョを乱したのはよくないが熱意は買ってやってもいいね、将来の歌舞伎中継係の候補者にしておこう」

お祭しの通り、この不届者《ふとどきもの》は私である。

一等席に案内されて、最初のうちはおとなしく芝居を見ていたが、そのうちにムラムラと掛声が恋しくなって、そっとぬけ出し、三階で声を掛けつづけてしまった。途中から、仲間のアナウンサーも呼んで、掛声の指導までしたのだから罪は重い。こんな無軌道な人間を、よくも先輩たちがかばってくれたと、改めて感謝だ。

この日、夜の部で六代目歌右衛門が『鏡獅子』を踊ったが、胡蝶をつとめたのは、歌右衛門が養子に迎えた福之助・橋之助兄弟だ。昭和三十一年は、私にとって〝ひな鳥〟としての出発の年だったが、福之助・橋之助にとっても、歌舞伎役者のひな鳥としてスタートした年である。その福之助が現在の梅玉であり、橋之助は魁春となって素晴らしい活躍を続けているのだ。

昭和三十一年歌舞伎座正月興行の夜の部『蜘蛛《くも》の拍子舞《ひょうしまい》』で二人の初舞台を見終ったあと、私は、兄弟にちょっと挨拶したいと思い、歌右衛門の楽屋を訪れた。成駒屋はうれしそうに迎えてくれ、

「さァ、ちゃんと御挨拶なさい」

と、九歳の福之助・八歳の橋之助をうながし、私は二人の行儀のよい「よろしくお願いいたします」の礼をうけた。この時のういういしい兄弟の姿を忘れまいとして、持参した『蜘蛛の拍子舞』のブロマイドを差し出し、サインをお願いした。二人は、いかにも歌右衛門ゆずりの

丁寧さで「フクノスケ」「ハシノスケ」と片仮名でサインしてくれ、その真中に成駒屋が「歌右衛門」と朱色でサインを加えてくれた。今でも、ひな鳥時代の記念品として大切に保存している。

この二人が、現在、歌舞伎の大幹部として、立役と女形の役柄で大活躍しているのがたのもしい。そして、父親直伝の歌舞伎役者として大切な「品格」を維持し続けているのが、この兄弟である。

耳で芝居を見る楽しさ

私の芝居好きは祖父の影響が大きい。それも、地方都市という環境は、ナマの芝居を見る機会が少なく、その欲求不満を解消するためラジオの舞台中継を祖父が必ず聴いていたからだと思う。

時折、雑音で「ガーガー」鳴る性能の悪いラジオに耳をこすりつけ、名優の動きを想像しながら、セリフと音で楽しんでいた祖父の姿を、今でもくっきりと思い出すことができる。

それほどまでにラジオの舞台中継にいれこむ祖父の芝居好きは、正直なところ高校卒業までは理解できなかった。だが、上京して友人と東京歌舞伎座の大歌舞伎を見はじめるようになると、あの祖父のラジオへの傾倒ぶりが初めてわかった。

〈これだったのか〉

私は納得し、芝居見物のままならぬ時は、いつしか、祖父と同じ格好で、下宿先の部屋に籠ってラジオに耳を傾けるようになっていた。

現在ではテレビでもラジオでも、放送局のスタジオの外に出て中継放送するのはごく簡単なことと誰しも思うが、ラジオの創成期には第一そういう発想がなかったし、技術的にも複雑な手続きを要した。

大正十五年(一九二六)八月二日、名古屋放送局が市内電話線を使って「JOCK一周年記念演芸大会」を御園座から夜一時間五十分にわたって放送したのが、舞台中継のはじまりである。それまでは、五代目歌右衛門も、六代目菊五郎も、初代吉右衛門も、みんな愛宕山や芝浦の仮放送所のスタジオから「舞台劇」というラジオドラマ風の放送でお茶をにごしていたのだった。昭和六年(一九三一)七月、歌舞伎座の『二月堂』(六代目梅幸・十五代目羽左衛門)で無線中継が成功してから、舞台中継は軌道にのった。

やがて放送技術が進歩し、音声だけとはいうものの、都会の大劇場の舞台中継が容易になり、セリフや音楽のない部分を補足説明するという〝舞台中継アナウンサー〟が登場し、芝居の雰囲気を一層盛りあげる役目を果した。昭和二十年代がその頂点である。

私は、この担当アナウンサーの名調子に惚れこんだ。

アナウンサーにも、いろいろな声の持ち主がおり、調子もちがう。歌舞伎は歌舞伎らしく、レビューはレビューらしく、その芝居の持つ雰囲気〝らしく〟解説することが必要で、それも最初の第一声で決まるといってもよい。かつて、ＳＫＤの水の江瀧子とオリヱ津阪のコンビの爆発的な人気に目をつけたアナウンサーが、国際劇場からの放送の冒頭で、

「ターキー・オリヱ、まあ素敵！」

と、黄色い声を出し、大いにウケたと聞いたことがあるが、みんななんとか〝らしさ〟を出そうと知恵をしぼったのだろう。

そうした舞台中継担当アナウンサーの中で、新国劇『国定忠治』の「荒神山」の立廻りで、こんな面白い描写をしたアナウンサーがいた。

「一人斬った、二人斬った、三人斬ったら……あとは逃げた！」

高橋博《ひろし》である。

通称〝ハクさん〟で通った高橋博さんは、戦後の舞台中継アナウンサーの第一人者であった。ハクさんの声は、いつも落着いて重みがあり、歌舞伎にはうってつけだった。その上、研究熱心な芝居通ときているから鬼に金棒《かなぼう》である。それだけに、自分自身にも後輩にもきびしかった。

「何といっても、芝居は観せるもので、聴かせるだけのものではない。舞台中継というのは、そんなイヤな番組なのだ……」

このハクさんの言葉は、ラジオの舞台中継のすべてを語り尽しているといってよい。この大

前提のもとに、ハクさんは、持てる豊富な表現と天性の声を駆使して、私たちに舞台中継の醍醐味を存分に味わわせてくれた。

その舞台をよく知る人にはそれなりに、また、その舞台を知らぬ人にもそれなりに、素人にも玄人にも楽しめる舞台中継は、ハクさんぬきでは考えられぬほど格調の高いものであった。

「聴取者が聴きたいと希望するのは、飽くまで芝居なのだ。決してぼくらのアナウンスではない。耳だけにしか頼れない聴取者の目になって、視覚を補足するのがぼくらの立場だと思っていいだろう。要は如何に喋《しゃべ》らないかという点にある」

さすがである。そして、すぐれた舞台中継アナウンサーになるためには「芝居を識る」以外に道はない、とまでハクさんは言い切っている。

ハクさんはNHKから民放に移籍したが、ニッポン放送の舞台中継で、初代吉右衛門最後の『熊谷陣屋』を放送したとき、幕外の引っ込みのハクさんの名調子は、本当にラジオにかじりつくようにして聴き入り、録音したものだ。

幕が引かれ、熊谷は哀れをさそう幕外の引っ込みです。

戦国の世の無常に、今は僧形《そうぎょう》と姿を変えた直実《なおざね》は、思い直して立ちかけます。

(ドンチャン〳〵と戦場の物音)

折しも聞ゆる法螺《ほら》貝《がい》、太鼓の音に、はっと耳を澄ますは武士《もののふ》のならい……その名も蓮《れん》生《しょう》と改めた己れの身を熊谷は返り見ます。鎧兜《よろいかぶと》のものものしい勇ましさも、今は頭をまるめ衣をまとった一介《いっかい》の出家に過ぎません。

(三味線がチチチチと入る)

人と人との戦いのはかなさとむごさを、しみじみと悟った身が、なおも戦場におもいを馳《は》せるとは……武士を捨てて捨て切れぬ我が愚かしさを笑ふばかり……。夢と過ぎた十六年、一昔と感じて黒谷《くろだに》を目指す熊谷は、足の運びも重たげに、襟首《えりくび》も薄寒く、とつおいつ、立ち去り難い風情……。しかし、

(大向うから「播磨屋！」の掛声)

笠に面《おもて》を包むやいなや、一途《いちず》のおもいをふりきるように、熊谷はやがて足を早めます。

(観客の大拍手)

花道をゆくその姿にただよう哀感が、見物の心にいつまでも残るうちに『熊谷陣屋』は幕になりました。

では吉右衛門一座出演の歌舞伎座から、これでお別れします。

活字ではハクさんのムードは表わせないが、熊谷が戦いのむなしさを悟り出家して去ってい

く哀れさが、このアナウンスからしみじみと感じられた。そして、そこには、ラジオならではの、歌舞伎の夢の世界があった。

〈放送局に入って、舞台中継をやりたい〉

私に心底そう思わせた高橋博アナウンサーの名放送である。

ラジオの舞台中継でもアナウンス無用論は昔から根強くあった。いわゆる「通」の人である。「せっかく聴取者が自分の世界に没入して楽しんでいるのに、余計な説明で、ぶちこわされては腹が立つ」

というのである。それもよくわかる。しかし、聴く人は「通」ばかりではないし、長い立廻りや、『寺子屋』や『盛綱陣屋』の首実検など、舞台の音の空白もある。それらを、役者の動きや心理描写も含め、アナウンサーも出演俳優の気分で説明しムードを高めることは、ある程度ラジオの場合は親切ともいえる。役者がしぐさで笑わせる場面など、観客だけがゲラゲラ笑っていると、聴き手は蚊帳の外になってしまうだろう。要は、邪魔にならずに「美しさ」や「感動」を聴き手に伝えるアナウンスなら文句はない。

ラジオの舞台中継は、マや時間とのたたかいでもある。五秒とか十秒というささやかな時間内に、ポンと、美しくて要領のいい説明を入れなければならない。役者のマやきっかけに重なってしまったら元も子もないのである。

これは、のちに私がＮＨＫへ入局して舞台中継を担当するようになってから再三泣かされたことだから、身にしみて忘れない。のんびりと茶の間で聴いていた頃は、

〈なんだ、このアナウンサーのマの悪さ！〉

などと平気で文句をいっていたのである。

私がＮＨＫへ入った頃の歌舞伎の舞台中継は、ほとんど小沢寅三《とらぞう》さんと竹内三郎さんだった。そのほか、平光淳之助さん、山賀長治さん、篠田英之介さんらも担当していた。

小沢寅三さんはささやくような語り口で、この人の声も歌舞伎によくフィットしていた。『かさね』の出だしなど実にうまかった。幕があくと、「夏の夜の雨の川辺です」と、ひと言だけゆったりといい、そのあと「バタ〳〵」のツケで両花道から出るかさねと与右衛門の扮装を、わずか十秒で説明してしまう。

「本花道からかさね、高島田に振袖、仮花道から与右衛門、黒羽二重に大小、同じく七三にきまります」

このアナウンスを、ツケをバックに早口で言い終えると、ドンピシャのマで清元の三味線が始まるのだった。

〈先輩というのはうまいもんだなあ〉

新人アナウンサーの私は、舞台中継のアナウンサーの恐さを知った。

竹内三郎さんは美声で明解なアナウンスが特長だった。『助六』の配役紹介の前に、

「何かあると江戸ッ子は、御先祖の助六にすまねぇといったくらい、この男が好きでした」

と入れてから、

「配役は……」

といく。粋な助六に、いかにもふさわしい感触が、この前フリのアナウンスから匂い立った。

助六が花魁《おいらん》たちから吸いつけ煙草をもらうところも、こうであった。

「どっかとかける中央の床几《しょうぎ》、その廻りへ、わらわらと集まる吸いつけ煙草……」

「どっか」というのがいかにも助六だし、花魁の下駄の音に「わらわら」がなんともよく似合っていた。言葉の選び方が適切なのである。

ラジオの舞台中継は、こうした名アナウンサーたちによって、ナマの舞台とはまた別の、「耳で芝居を見る楽しさ」を聴取者に与えてくれたのだった。

テレビの急成長によって、ラジオの舞台中継も、アナウンサーの説明も、不用となった。だが、ラジオの「舞台中継」という番組が花と咲いた一時期が確実にあったことだけは、演劇史上にも放送史上にも刻みこんでおきたい。


（『ノーサイド』文藝春秋、一九九六年二月号）

「かべす」のある風景

ふるさとの実家の門脇に長年立ち続けていた松の木が、昨年あたりからみるみる勢いをなくしてきた。私が生れた静岡市の繁華街梅屋町《うめやちょう》から北安東《きたあんどう》へ引越した直後、昭和十五年(一九四〇)の静岡大火の時には、まだほっそりとした若木の状態だった。幼い私は、わずかな枝を通して、静岡市の中心街が真っ赤に染まってくるのを、はっきりと見ている。

その後、この松は順調に育ち、まるで我が家の守護神のような存在となった。ほかに庭木はあってもさほどの意識はしていなかったが、この松ばかりは、長寿まちがいなしと、勝手に信じこんでいたのである。ところが、空に向ってぴんと突き上げられていた緑葉が色を失い、次第に勢いをなくしていく。いったい、どうしたというのだ?

もちろん植木屋とも相談して、さまざまな治療を加えていたが回復せず、とうとう、この春には切り倒されることになってしまった。

「あまりにも枝葉をのばしすぎたために、幹が水分を吸い上げる能力を失って枯れはじめ、もう手おくれ状態です」

植木屋は、私をなぐさめるようにそう言って、あきらめるよううながしたが、本当に残念だ。もちろん、庭木は生活必需品ではない。だが、心をいやしてくれるかけがえのない松の木だったことに思い当る。そればかりではない。戦中・戦後の激動の時代も、この松をしっかり守りぬいた亡き両親に申訳けない気持がして、なんともせつないのである。

これまで帰省するたびに、あたりまえのこととして見上げていたふるさとの松だったが、大学入学で上京して歌舞伎に染まり、就職、転勤、そして歌舞伎と共に東京に定着してしまったのだから、この松や両親と毎日暮らしたのは、高校卒業までの、たった十八年間だったのだ。慚愧《ざんき》にたえない。だから、年賀状には、そんな気持をこめて、

「むかしはものをおもはざりけり」

と書いた。

ふるさとの松の木も心残りだが、昭和二十五年十二月に完成して、戦後の昭和・平成の歌舞伎を支え続けてきた歌舞伎座とも、平成二十二年(二〇一〇)四月限りで「お別れ」となった。年賀状の文面「むかしはものをおもはざりけり」は、歌舞伎座との惜別の念も含んでいる。

人のいのちに限りがあるのはもちろんだが、千年の寿命を誇る植物も、強靭な建造物も永遠ではない。仕方がないことなのだ。その限りあるいのちの中で、庭の松の木や歌舞伎座がどんな価値を持つかである。あたりまえのように毎日つきあってきているものは、意識の中から消えてしまっていることが多いが、いざ無くなるとなれば、ことさら、もの思うものだ。

歌舞伎座に初めて入ったのは昭和二十八年の正月興行の時だ。歌舞伎座が戦災で焼失したあと、〝昭和の奇蹟〟としてよみがえってから二年後ということになる。まだ戦後の混乱が十分に収まっていない時代だから、一階から三階まで赤いじゅうたんで敷きつめられた豪華な廊下を歩くだけでも興奮したものだ。実に豊かな気分になれた。

最初は幕見、その後も三階席での見物が学生としては当然のことだったが、その三階にもあかぬけた内装のおでん屋、甘味処、そば屋、ＢＡＲが、いつでも店を開けていて、うるおいがあった。ことに、三階廊下西側のＢＡＲは高級感あふれるたたずまいで、私の友人などは、このＢＡＲで見合いをし、すぐ結婚した。あとで、「あのＢＡＲのムードに惑わされたのかな」と苦笑していた。

今は開幕のベルが鳴ると、観客は急いで客席につくが、その頃は、上演中も店はちゃんと営業していたから、見物に疲れた時や、自分の興味がわかない演目の場合は、おでんで一杯やりながら休んだり、甘味処で楽しんだりする風景が見られたものだ。

「かべす」という言葉は、もはや死語に近いが、昔から芝居見物には不可欠とされていた「菓子」「弁当」「鮨」の略である。今は鮨も弁当の一部に入るが、昔の人は「鮨は別腹」としていたらしく、本格的な料理と考えていなかったのかもしれない。それはともかく、「かべす」は幅をきかせていた。

江戸時代から大正期にかけては、上等の見物客は芝居茶屋を経由して入場し、食事時間になると茶屋へ戻って食事をしたり、あるいは酒肴を取り寄せていたようだが、小さな茶屋の客や木戸を通って入る客は「かべす」だけ調達したらしく、〝かべすの客〟というとやや侮蔑的な意味も含んでいたとも聞く。

昨今の歌舞伎座の客で開演中に弁当をひろげる人は一人もいないが、私が学生時代、つまり七十年前までは、観劇しながら幕の内弁当をつついたり、せんべいをぼりぼりかじったりする人はザラにいた。東京は少し見栄っぱりのところがあり比較的少なかったが、京大阪や名古屋の劇場では正午になったとたん、あちこちで弁当をひらく人がいたのを、この眼で見ている。

ましてや、江戸時代では桟敷席で弁当をひろげ酒盛りをするのが当然だったことを考えれば、芝居見物の今昔のちがいに驚くほかはない。かつては「芝居小屋」全体が総合的なアミューズメント世界を形成していて、観客はのびのびと楽しんでいたと思われる。

しかし客がのびのびと楽しむためには、劇場内でのマナーや美意識には神経を使ってもらいたい。近頃の客ときたら、まるでピクニックとか登山にでも行くようなザックを背負った人とか、買い物袋をいくつもぶらさげて入場するなり座席の前に山のように積み上げ通行をはばんでいる人が多い。どんな格好をしても自由だとはいうものの、昔の女性が芝居見物に出掛けるときには前の晩から「明日はどんな着物を着ていこうかしら」と、おしゃれをたのしみにしていたことを考えれば、こうした時代による変化には寂しさは否めない。

歌舞伎を上演する劇場では、日本情緒を感じさせる雰囲気をかもし出したいものだ。そのためには和服が最もふさわしい。日本情緒とは、江戸文化をなつかしみ残り香を愉しめる場所から立ちのぼる香気だ。そのあたりの感性が劇場側にも見物客にもほしい。

合理化が進み劇場側の従業員が削減されると、昔のようにいつでも食べられる食堂はなくなり、歌舞伎座でも幕間しか開店しなくなった。売店はあってもコンビニとあまり変らないムードが支配している。歌舞伎座の廊下はトイレに行く単なる通路になってほしくないのである。

安田武は『遊びの論』(永田書房、一九七一年)の中で、歌舞伎の近代化についてこう書いている。

歌舞伎が、「近代的」でなくてもよいではないか。舞台正面に向けて、秩序整然しつらえたイス席に坐って、一番目の幕開きからハネまで、しかつめらしく観賞しなければいけない、そうでなければ芝居がわからぬ、歌舞伎はそういうものではない。第一、舞台上に進行する「劇」だけを観ればいいというのは、「芝居見物」という娯しみの不当な単純化だ。「劇」が演じられている舞台だけが、「芝居」なのではない。芝居小屋全体が、虚構の劇を演ずる場所である。そのような雰囲気のなかで、舞台のドラマが進行するから、芝居なのである。歌舞伎なのである。（傍点も原文のまま）

我が実家の松の木は残念ながらまもなく消えて殺風景になるだろうが、歌舞伎座はいったんなくなっても必ず復活する。五代目歌舞伎座もどうか日本情緒に満ちた日本文化の殿堂にふさわしい劇場にしてほしい。

歌舞伎を取りまく環境——その良き環境の一端をになうのが「かべす」である。なにも食べものばかりが「かべす」ではない。歌舞伎を愉しくする良き環境の代表語が「かべす」なのだ。時代は変っても、建物が変っても、「歌舞伎のかべす」は生き続けてほしい。

（『図書』岩波書店、二〇〇九年四月号）

御名残トドメの『助六』

学生時代からなじみの歌舞伎座が建て替えと決った時は、淋しかった。もちろん〝お別れ興行〟(平成二十二年〔二〇一〇〕四月)は真先にかけつけた。そして、第一部から第三部まで、ぶっ通しで観た。

「御名残」の初日とあって、役者衆の演技も熱っぽいが、当然それに反応する見物席も大きな拍手の連続である。五十年ほど前は幕が開いた直後、誰もいない舞台に拍手する人はいなかった。東京では大向うの掛声が主流で、よほど芝居が高潮した時でない限り拍手はなかったものだ。今は東西通じてまんべんなく拍手する。時代の流れだ。

夜の第三部は、一階席だった。まず『実録先代萩《じつろくせんだいはぎ》』。七代目芝翫の出し物として『伽羅先代萩《めいぼくせんだいはぎ》』の政岡ではなく、『実録』の浅岡とは意外だったが、時間への配慮と、祖父五代目歌右衛門の浅岡のレコードを何度も聴いていた芝翫の思い出も作用したようである。

花道から芝雀(現雀右衛門)、扇雀、孝太郎、萬次郎の扮する四人の局《つぼね》が出てくる。上野、飛鳥山、御殿山、隅田という江戸の花名所の桜の小枝をそれぞれ手にしているのが華やかだ。折から東京は満開で、歌舞伎の季節感が生きている。

『実録』を観ているうちにハンカチーフを取り出す人が多かったのは、二人の子役の手柄である。伊達家の幼君亀千代は孝太郎の息子千之助、浅岡の一子千代松は橋之助(現芝翫)の息子宜生(現歌之助)、二人とも、ついこのあいだ歌舞伎座で初舞台をヨチヨチ踏んだばかりなのに、もう、この大舞台で客を泣かせているのだ。歌舞伎座は役者の子を育てる道場であり、現在の幹部俳優のほとんどが、この舞台で名子役ぶりを見せてくれた。芝翫の浅岡も、幸四郎(現白鸚)の小十郎も、橋之助の鉄之助も、子役二人の好演に目を細め、うれしそうに喰われていた。

幕間に廊下に出ると「本日の河東節御連中」という定番の庵《いおり》看板が目に入る。これだけでも浮き浮きする。次は『助六』だ。江戸ッ子は何かあると「御先祖の助六にすまねぇ」と言ったようだが、それほど助六に対する庶民の人気は絶大で神格化されていた。『助六』は歌舞伎座が一番似合う。いや、東京歌舞伎座以外では「何か違う」と思ってしまう。『助六』の舞台は華やかで重量感があり、配役も出る人出る人すべて〝ごちそう〟でないと物足りぬ、贅沢きわまりない芝居だから、「御名残」のトドメはこれしかない。

海老蔵の口上、玉三郎の揚巻、福助の白玉、そして左團次の意休……次々に登場する人気役者たち。「まだか、まだか」と助六の出を待つ演出がにくい。

やがて「ハオーー」という掛声、なんとも涼やかな三味線の河東節にのって、十二代目團十郎の助六がカッカッと下駄を鳴らして花道を出る。この歌舞伎座で何度成田屋の助六を見たであろうか。最初は昭和二十八年(一九五三)三月、九代目海老蔵の助六だった。その海老蔵が昭和三十七年に十一代目團十郎を襲名し、十一代目が惜しまれて逝ったあと、息子が十代目の海老蔵となり、更に十二代目團十郎となり、大病も克服して、今、歌舞伎座の名残の舞台に立っている。その道のりを思うと、こみ上げるものがあった。

お家芸だけあってむきみの隈がぴたりと決まり、江戸前のダンディズムを十二代目が存分に盛り上げる。ひとつ気がついたことがある。普段は三階から見下ろすことが多いのに、めずらしく「出端《では》」を一階席から見ると、團十郎の容姿は克明に楽しめるが、手にする傘の効果は三階からのほうが引き立つことがわかった。同じ芝居でも、場所や角度を変えて見るのも一興。

仁左衛門のくわんぺら、歌六の朝顔、三津五郎のかつぎ、勘三郎の通人、市蔵・亀蔵兄弟の田舎侍と奴、東蔵の満江、そして菊五郎の白酒売と、息つくひまのない大舞台。役者同士が互いに助け合い、総力をあげた歌舞伎は心地よく、外へ出ると桜が満開だった。

「打上げて名残桜や木挽町《こびきちょう》」

(『演劇界』演劇出版社、二〇一〇年六月号)

五代目歌舞伎座開場

東京の東銀座に、五代目の歌舞伎座がようやく完成した。その柿落《こけらおとし》興行の初日は、あいにくの雨だった。新しい檜舞台に立つことをなによりも楽しみにしていたのに果さず逝ってしまった勘三郎や團十郎の涙雨であったのか。

十時すぎに東銀座に着くと、すでに歌舞伎座前は雨傘が盛り上がっていた。田中傳左衛門が「ドンと来い、ドンと来い」の一番太鼓を打ち鳴らしたあと、私は第一番の入場を目指す集団と共に大間《おおま》(正面ロビー)に突入し、すぐ三階席に上がった。

「あ、花道の七三が見える!」

と、声をあげたあと、ゆっくりと場内を見渡す。天井から客席まで以前の歌舞伎座とほとんど違いはない。四階の幕見席ものぞいてみたが、ロビーもゆったりとして豪華に見えた。かねてから私が思っていたのは、一等席や桟敷席はゴージャスで、三階席や幕見席は粗末な造りでは〝天下の歌舞伎座〟とは言えないということだった。それは私の学生時代、両親からのわずかな仕送りの中から、芝居を見たい一心で、節約に節約を重ねて幕見や三階席に通った体験から得た感覚だった。歌舞伎座は誰にもあたたかい劇場であってほしいのだ。歌舞伎は庶民に愛される演劇であったはずなのだ。

新しい五代目の歌舞伎座が、これまでと違っている点は、「入場目的ではない人、チケットの買えなかった人にも、せめて歌舞伎の空気・空間を間接的にたのしんでほしい」という意識を強く打ち出した劇場としてスタートしたことだ。

地下鉄「東銀座」の改札口を出るとすぐ、歌舞伎座の地下二階の〝木挽町広場〟に通じる。そこには、歌舞伎座の座紋入り大提灯の下に歌舞伎グッズの屋台や小粋な店が待っていて、歌舞伎座のロビーにいるような雰囲気が味わえる。また、屋上には、外からも自由に出入りできる庭園やギャラリーがあり、歌舞伎の衣裳や小道具などの展示があって、歌舞伎の空間に親しみ、遊べる仕掛けだ。

歌舞伎になじみのない人が、こうした仕掛けに呼応して歌舞伎の空気に少しずつふれ、今後は、五代目歌舞伎座を中心に〝歌舞伎あそび〟の空間が広がっていくことに期待する。

そう、私は〝歌舞伎あそび〟という言葉を使った。歌舞伎は学問ではない。理屈は通用しない。歌舞伎をどう見るかは人それぞれまったく自由だが、私にとって歌舞伎はたのしい〝あそび相手〟であり、見始めてから七十年の今も、その思いは変らない。

昭和二十六年(一九五一)一月、松竹の大谷竹次郎の執念が実って、木挽町に四代目の歌舞伎座が開場した時は、日本が敗戦直後の時代だった。米飯を外で食べる時は「外食券」が必要とされた時代だっただけに、〝昭和の奇蹟〟といわれた。

もし、大谷氏が単なる〝金もうけ主義〟だけの感覚だったら、こんな時代に、こんなケタはずれの劇場はできなかったかもしれない。大谷氏に〝あそび心〟があり、その〝あそび心〟は歌舞伎という日本の伝統演劇の中にこそ色濃くあると思っていたにちがいない。

歌舞伎にとって「遊び」の精神は大切である。かつての歌舞伎役者は花柳界での遊びを常としていた。それが芸の肥やしとなっていた。遊びのない人間は無粋者だった。俗に言う〝お座敷遊び〟には、目には見えないキマリとか約束事があり、その花柳界独特のレールの上に乗っていく過程で体験することは、歌舞伎の演技にかなり影響するものなのだ。

それにまた、男と男の達引《たてひき》には必ず能力がからみ、金がからむ。「金は生かして使え、殺すような金は使うな」の教えではないが、目先のきく男は、勤勉や節約よりも、遊びによって自分を生かすすべを知っていた。ゴルフ接待などなかった時代、〝茶屋遊び〟の中ですべてを忘れていたわけではなく、胸の内になにがしかの策を秘めていたような気がする。たとえば、『仮名手本忠臣蔵』の七段目、祇園一力茶屋の場で、大星由良之助は放蕩とみせかけながら敵をあざむき、主君の仇を討つ策略を練っていたのである。

こうした花柳界はまた、三味線音楽の命脈をつないでいく役目も果してきた。歌舞伎にとって三味線音楽は生命《いのち》であるから、花街と歌舞伎界は切っても切れない関係にあった。ところが明治以来、ドレミの西洋音楽を日本の初等音楽教育で教えこまれるようになると、三味線音楽は急速に力を失い、昨今は〝無用の長物〟の如くあつかわれる有様だ。それと連動するように花柳界の遊びが、まるで悪玉《あくだま》のように仕分けられつつある。

しかし、「遊び」の中に「学び」があることは誰もが承知している。五代目歌舞伎座が、その役目の一端をになってくれたらいいとの期待は、ますますふくらんでくる。歌舞伎を理解させようとする劇場になってほしくない。たのしく、おもしろく、遊びの空間に身をまかせているうちに、自然と歌舞伎のたのしさがわかってくる――これが「いき」な歌舞伎との接し方だ。

そういえば、かつては「いき」というものが歌舞伎座の中に存在していたように思うが、いつから消えていったのか。「いき」とは、まことにとらえどころのない感覚なのだが、もしかすると、歌舞伎役者とか、その役者の演技とか、はたまた花柳界がかもし出す独特の雰囲気の中にあるのかもしれない。色づかいにたとえれば、ひかえめでありながら、なんとも洗練されていて、すっきりとした色彩感覚だし、仕草《しぐさ》にたとえれば、きっぷのよいふるまいである。もしかすると、「いき」は明治・大正頃までのもので、品格とはまた別の、江戸庶民が求め続けたあこがれの美意識だったかもしれない。でも、そんな「いき」が、四代目の歌舞伎座の周辺には、まだかすかに残っていたような気がするのだ。

五代目の歌舞伎座は、これからどのようなたのしませ方をしてくれるのだろうか。願わくば、歌舞伎は、座も、役者も、見物客も「いき」でありたい。「いき」の定義は難しいが、おそらく日本独自の感性であろう。そのことが重要なのだ。いま〝世界は一つ〟のグローバル時代と言われる。政治・経済は、たしかにそれが当てはまるが、文化はちがう。民族それぞれが持っている固有の文化は一つになってほしくない。日本人は日本の伝統文化をあくまでも堅持し、他国の文化も尊重して、混濁《こんだく》を防ぐ心が大切だ。

もちろん役者には「いき」な芸を見せてもらいたいが、観客も「ヤボ」な見物人になってほしくない。『勧進帳』で弁慶が飛六方で花道を引っ込む時、時折、弁慶役者を応援するつもりか、客席が一つになって手拍子を打つことがある。これはなさけない。日本の音楽・鳴物は総じて「定間《じょうま》」を嫌う。西洋のように等間隔のリズムで演奏はしない。飛六方の鳴物も等間隔でリズムは刻んでいないし、弁慶役者も「定間」では足拍子を踏んでいないはずだ。それなのに観客から手拍子のリズムが等間隔で起こると、飛六方のリズムが台無しになってしまう。ここは西洋ではないのだ。

そこが近頃の観客はわかっていない。たしかにどんな見方をしても自由だが、日本古来の音楽のリズムや「マ」をこわすことになるのを知っていただきたい。芝居が最高潮に達して役者が熱演した時の拍手は本当にうれしいが、飛六方の時の手拍子は駄目だ。とても「いきな見物」とは言えないだろう。

「いき」などという感覚は、これにぴたりと当てはまる言葉は西洋には見当たらない。この、自分たち日本人にしかない感性を、しかも現代社会では忘れられようとしている感覚を、五代目歌舞伎座に少しでも取り返してほしいのである。

坪内逍遥は、著書『柿の蔕《へた》』の中で、

「歌舞伎は、大衆本位の野性芸術である」

と言っている。能は貴族や武家の御用芸術だから滅多には変えられないが、歌舞伎は都合によっていくらも変えられるし、時代の波に流されやすい。だから時流によって変っていくのは仕方がないとも言っている。いわゆる〝團菊じじい〟が「むかしは、こんなことはやらなかった」と嘆くのもうなずける話だ。

平成二十一年(二〇〇九)に亡くなった二代目又五郎の名言がある。

「ぼくは歌舞伎は新しいものだと思っています。だから変ってもいい。でもそれが、良いものか悪いものか、です」

こういうわかりやすくて的を射た言葉は、私のような歌舞伎を娯楽と考えている人間にはとても有難い。

昨今、歌舞伎評論を読んでいると、まるで高尚な文学作品のように謳《うた》いあげている文章を見かけることがあるが、これには閉口だ。実態とはかけはなれているから説得力がなく、文章がふわふわと宙に浮いているだけだ。おそらく、歌舞伎を「芸術」と考えている人は評論も〝純文学〟のように書くであろうし、歌舞伎を「娯楽」と思っている人は〝大衆文学〟風に表現するのかもしれない。或いは、「そんなヤボなことはしない」とソッポをむくかも。その方が、かえって「いき」に見える。

歌舞伎が終始たのしい〝あそび相手〟であった私は、学生時代から大向うの仲間と共に掛声をかけ、下手な声色をやり、娯楽としてたのしませてもらったが、実は歌舞伎はそんな単純な娯楽ではなかった。奥が深かった。その奥行や深さはなまやさしいものではなかった。大道具・小道具・衣裳に対する美意識や、義太夫・常磐津・清元・長唄など三味線音楽の歴史や技術、そして歌舞伎役者の芸談など、汲めども尽きぬものがあり、いまも格闘中なのだ。歌舞伎座は、それを貯《たくわ》えている宝庫のような存在なのである。（『図書』岩波書店、二〇一三年七月号）

戦後の芝居を支えたもの

太平洋戦争で東京の空襲が日ごとに激しくなり、歌舞伎役者も田舎に疎開せざるを得なかった。そして、戦前から愛されてきた東京歌舞伎座も全焼した。

六代目歌右衛門(当時芝翫)が、厚木の今福家に疎開したのは、狂言作者竹柴蟹助の手引きだったが、その今福家というのはNHKの今福祝《いまふくしゅく》アナウンサーの実家で、後輩だった私は、今福さんから当時のことを聞いている。

「ぼくの次女が昭和二十一年(一九四六)に生まれたのだが、その子に家内が縁先でオッパイを飲ませていると、離れで暮らしている歌右衛門さんがじっと見ているんだ。最初は気味が悪かったが、女形の歌右衛門さんは〝乳飲み子〟のあつかいを観察していたんだと、後でわかったよ」

歌右衛門は木挽町へ、今福アナウンサーは内幸町へ、満員の「小田急」に乗って一緒に毎日通ったらしい。歌右衛門を坊主刈りにし、足にはゲートルをつけさせた太平洋戦争前後の様子を想像してほしい。

戦争も終わり、廃墟の中から立ち上がろうとしている東京に、昭和二十五年末、夢のような歌舞伎座が再建された。これが歌舞伎に希望と勇気を与える起爆剤になったと思う。

その歌舞伎座に私が初めて入った昭和二十八年一月二十日、立見席から『籠釣瓶花街酔醒《かごつるべさとのえいざめ》』の初代吉右衛門の次郎左衛門と六代目歌右衛門の八ッ橋を見た。その序幕の絢爛《けんらん》たる舞台に魅せられた私は、その翌日、友人のすすめで新橋演舞場の『三人吉三巴白浪《さんにんきちさともえのしらなみ》』を観て、歌舞伎座の芝居とはまた違った感触を味わった。歌舞伎座は吉右衛門劇団、演舞場は菊五郎劇団だったが、「重々しく豪華な芝居」と「軽やかで楽しい芝居」と受け取ったのだ。

その初体験の感覚は、我ながら正しかったと思う。つまり、吉右衛門劇団と菊五郎劇団の持ち味を見分けたと自負するからである。このふたつの劇団の競い合う芝居づくりが、まだ貧しかった終戦直後の十余年の時代をしっかり支えていた。

吉右衛門を座頭《ざがしら》とする吉右衛門劇団は、重厚な八代目幸四郎、楽しい十七代目勘三郎、本格派の六代目歌右衛門。菊五郎劇団は、三代目左團次を頭に、貴公子の七代目梅幸、活達な二代目松緑、そして〝海老さま人気〟の九代目海老蔵の客演。このふたつの劇団は、それぞれの持ち味をいかしながら歌舞伎の両輪となり、見事な舞台をつくっていた。

しかも、それに加えて「関西歌舞伎」が折々に東上し、江戸歌舞伎とは異なる上方歌舞伎の味を見せてくれたのである。そうした、いろいろな芝居を、歌舞伎ファンはむさぼり味わえたのである。

私の歌舞伎への傾倒に拍車をかけたのは、十七代目勘三郎との出会いが大きい。もしほ時代を知らない私は、「勘三郎」になってからの舞台のひとつひとつが面白かった。しかし、菊五郎劇団の松緑も魅力的だった。

六代目菊五郎を手本とする松緑と勘三郎の世話物を、ふた通り観られたことは、楽しかったし、勉強にもなった。『髪結新三《かみゆいしんざ》』や『加賀鳶《かがとび》』は、観る人によって好みは違っていたが、いずれも素晴らしい新三であり道玄だった。菊五郎《ろくだいめ》の芸をしっかりと正攻法で受け継ぐ松緑に対して、勘三郎は少し草書体にくずしたユーモラスな味わいがあった。

脇役も大切だ。道玄の場合、重要な役目をもつ〝おさすりお兼〟は、菊五郎劇団の名優三代目多賀之丞の存在が忘れられないが、吉右衛門劇団には二代目芝鶴《しかく》というベテランがいて、それぞれ松緑と勘三郎の道玄を助け、どちらの道玄に軍配を挙げてよいのか、最後までわからなかった。いま考えれば贅沢な話である。

このような競合のためか、ぜひ演じてほしかった勘三郎の『魚屋宗五郎《さかなやそうごろう》』は実現せず、松緑の専売特許となったが、勘三郎は「その宗五郎の代わりに、ぼくは『檻《おり》』を宗五郎のつもりでやったんだ」と言っている。

歌舞伎が、時流によって、興行的な好不調はあったものの、総じて戦後七十年以上も絶大な人気を保ち続けられたのは、良き指導者とライバルの存在が大きい。また、これまで沢山の襲名披露を見てきたが、襲名の前と後では、まるで人が変わったかのように飛躍する例が多かった。襲名が「自覚」と「責任」をうながしたのだろう。

「国立劇場の誕生」「こんぴら歌舞伎」「コクーン歌舞伎」「平成中村座」「各地の芝居小屋の再生」などは、大都会の大劇場中心だった歌舞伎に一石を投じ、地方や若い人たちの関心を引き出したのも忘れてはならない。

悲しいこともあった。まだまだ活躍してほしかった名優を失うほど無念なことはなかった。しかし、名優の名演技はしっかりと眼に焼きついて忘れないものだ。振り返れば七十年間いい舞台を見せてもらったものだ。私の人生に「歌舞伎」という畏友の存在が常にあったことを心から感謝している。

(『演劇界』演劇出版社、二〇一五年八月号)

六代目歌右衛門の眼光

もう半世紀前になろうか。東京九段の八百屋の旦那に三宅鶴三郎という粋人がいて、この人が熱烈な歌右衛門ファンで、成駒屋の『道成寺』が出ると、大向うから、

「なんてきれいなんでしょう」

と声を掛け、満場を沸かせた。

これは、良い大向うの例とはいえないが、観客の誰もが、その通りだと納得していたから、決して芝居はこわれなかった。

歌右衛門の『京鹿子娘道成寺』は、松竹の映画になって残っており、今日までに何度か公開されたが、まだ三十歳台後半の「若女形」といってもよい時代の成駒屋の品格と美しさは、まさに「なんてきれいなんでしょう」の一語に尽きた。

六代目歌右衛門の芸道を改めてふりかえってみると、どんな役をもゆるがせにしない芸に対するきびしさと、真女形をまっとうしようとするひたむきな日常の努力があったことに、ただただ驚くほかはない。

そして、その気品に満ちた美しさもさることながら、歌右衛門の眼光が強く印象に残る。あの『先代萩』の政岡の眼、『助六』の揚巻の悪態《あくたい》の眼、『隅田川』の狂女の眼、それにまた、楽屋でにこやかに「おはよう」と挨拶したあと一変して鏡台に対峙する時のするどい眼、言葉を慎重にえらび丁寧にやわらかく話していたかと思うと、突然キリッと引締まる眼……歌右衛門の眼光は、たしかに人をひきつけ、たじろがせるほどの、すごい迫力があったなと、改めて思う。

単なる恐い眼ではない。すずしげで、さわやかでもある。一つの道を、ただひとすじに歩んできた人だけが持つ輝きなのか、品格の高さが発する光なのか、その美しくきびしい眼光に私は魅せられ、畏敬の念とともに歌右衛門を仰ぎ見てきた。

六代目歌右衛門が戦後の歌舞伎に果した功績は計り知れぬほど大きく、また、その女形芸の素晴らしさについては、とてもここでは言い尽せないが、ただひとつ、古典をしっかりと後世に残すため、常に〝本格〟をつらぬいてきた人であることを忘れたくない。

古いものは、どこかで曲ったり折れたりして、いつのまにか無くなってしまっていたりする。

そのことを歌右衛門は一番おそれ、たとえ自分一人になっても守りぬこうとする執念の女形である。

平成五年(一九九三)九月十一日、「出雲阿国歌舞伎」に口上で出演する歌右衛門に同行し、インタビューさせていただいた。

このインタビューの中で、終始にこやかな歌右衛門が二度ほどまなじりをキリッとさせたのを、私は見のがしていない。

一度は、「歌舞伎は決して滅びない」と成駒屋が口ぐせのように言う、その理由として、「すぐれた芸というものは、押さえても押さえても押さえきれないもの」という説明をしたとき。そしてもう一度は、女形の修業について、「今の若い人は、ちょっと底が浅いですね。もっと掘り下げなくちゃ。そうすればもっとよくなる、その方たちがよくなれば、歌舞伎も、もっとよくなる」と、きっぱり言ったときである。

歌右衛門は、将来の歌舞伎や女形の修業のあり方を危惧しているのか、よいものを残すためには、今の若い人たちが芸を更に掘り下げて研究してほしい、と心底願っているのだ。そして、よい芸は、なにものにも負けぬ強さを持つ〝不滅の糧《かて》〟になる、と信じているのだ。

このくだりには、まさに、六代目歌右衛門の一念ともいえる気迫がこめられていた。

インタビューの最後で、予想もしなかった成駒屋の素直な気持が出た。それは、笑いにまぎ

らせた駄々ッ子のようなムードを装いながら、

「やっぱり、年と共に悲しくなりますよ、あなた、何だか置いていかれるのは……」

と、もらした一言。最高位の女形でありながら、ままならぬ時流と、いかなる人も必ずや味わうであろう老いの寂寥感《せきりょうかん》が、限りなくせつなくせまってきて、聞き手の私までが悲しくなった。

インタビューを終えて歌右衛門と私は、出雲大社の〝松の参道〟と呼ばれている松林の道を通り、大国主命と白兎の像に近寄って、記念写真を撮った。

因幡の白兎の像にむかって、

「ウサちゃん、ウサちゃん！」

と、無邪気に手を振る成駒屋は、まるで童女のように美しく、可愛いかった。

肉体のおとろえは、何人《なにびと》たりとも避けられない。平成十三年三月三十一日、六代目歌右衛門は、花と雪の中を旅立ってしまった。しかし歌右衛門亡きあとも、「どこかに歌右衛門の眼光があり、成駒屋が見ている」、そんなおもいを、梨園のほとんどの人が抱いているのではないか。

（演劇界臨時増刊『歌舞伎俳優名鑑』演劇出版社、一九九五年十二月）

Ⅱ

惜別にしひがし

十三世仁左衛門　折々ばなし

松嶋屋の元祖は、京都出身で、やがて大坂に移り、江戸にやってきた。十三世仁左衛門は、東京で生れ育ち、その後大阪に移り、京都に住み続けて京都で亡くなった。だから、正月三ヶ日は京都、大阪、東京、三通りの雑煮を食べ分けるのがならわしである。元日は白味噌にかしら芋の京都風。二日は焼豆腐とか大根とか小芋の大阪風。三日は東京風の鶏のすまし汁。これが〝松嶋屋の型〟なのだ。

幼名千代之助の十三世のあこがれていた先輩のひとりに、十五世羽左衛門がいた。その十五世に「千代坊、千代坊」と可愛がってもらったのが十三世の自慢である。しかし、にがい体験もあって、それがなんとも面白い。

我當時代、『勧進帳』の富樫《とがし》を演じることになって、もちろん十五世の当り役だから、教わりに行った。そのお礼に我當は、自分の富樫のブロマイドを見てもらおうと楽屋を訪ねたら、あいにく留守。そのまま置いてきた。

部屋に戻ってきた羽左衛門、富樫の写真に目をとめた。

「これ、なんだい?」

「さっき松嶋屋の坊ちゃんが持ってきました」

「ああ、そうかい」

羽左衛門は、てっきり自分の富樫の写真にサインを頼まれたと勘ちがいして、パッパとサインをし、

「おれにしちゃァ形がよくねぇなあ」

兵役には駆り出されなかった十三世だが、戦争中は国民服を着て軍事教練を受けた。道頓堀の橋の上で「伏せ」の命令で地べたに腹ばいになり、「前へ!」で匍匐《ほふく》前進させられたらしい。食べ物も少なく、物資欠乏時代の巡業も大変で、三世時蔵と旅をしたときなど、宿の部屋があまりにきたないので、仕方なく時蔵が箒《ほうき》ではき、十三世がハタキをかけて掃除をするといった話もある。

四国の旅で、朝四時頃に馬車ならぬ牛車が迎えにくる。それに大道具、小道具、衣裳、床山、そして役者たちが乗り込む。その牛車の上から床山のKさんが、牛の大きな尻を見て思わず、

「ビフテキにして食べたい」

と叫んだら、牛が実にタイミングよく、

「モー」

と鳴いたので、苦しい旅の中でみんなが空腹を忘れて大笑いしたとか。のちに十三世が、

「やっぱりマがよかったんですよ。マは大切ですねぇ」

と、話したのがおかしかった。

こんな体験もある。

これも食糧難の時代、夏の暑いさかりに十三世が大切な米袋を運んでいて、うっかりした拍子に道路に米をばらまいてしまった。馬糞まじりの悪路なので掻《か》き寄せるわけにはいかず、一粒一粒ていねいにつまみひろうしかなかった。

それが、のちに『堀川（近頃河原達引《ちかごろかわらのたてひき》）』に役立った。与次郎が猿廻しをして恵んでもらったわずかな米粒を大事にあつかう演技に生きたという。

昭和六十一年（一九八六）の俳優祭に珍配役の『助六』が出て、菊五郎（七世）の発案で、通人役として十三世が駅長の扮装で登場したことがある。十三世の〝汽車好き〟は有名で、

「オジサン、やって下さいよ」

の音羽屋（菊五郎）の一言に、相好《そうごう》をくずして仁左衛門、駅長役を引き受け、助六にむかって、

「股ァくぐれー」

とやったのは傑作だった。助六に自分の股をくぐらせたあと、花道の付けぎわで高らかにホイッスルを鳴らし、「出発進行！」と、ごきげんで引っ込んだ。

十三世は信心深い人だった。『忘れられている先祖の供養』（三学出版）という著書もあり、賢夫人をはじめ一家揃って信仰心が厚かった。

昭和三十七年、上方歌舞伎の衰退を憂い、「仁左衛門歌舞伎」を立ち上げるときの十三世の決断と、夫人の助言は、まさに神がかり的だった。家族に自主公演のことを切り出したところ、夫人はしばらく考えたあと答えた。

「お父さんがなさろうとお思いなら、いたしましょう。この企《くわだ》てを今あなたが決行することは、神様の御心にかなうことかを考えてみましたが、これはどうしてもやらねばならないことと思います。おそらく大変な赤字は覚悟しなければなりませんが、家を売れば、他人様《ひとさま》に御迷

惑をかけずにすみますから」

すると、子どもたちも「そうです、そうです」と一斉に賛成し、家族全員がふるい立ったという。

晩年の『道明寺』の天神さんの名演は、十三世が神様に見えた。

十三世は子福者で、我當(五世)、秀太郎、孝夫(現十五世仁左衛門)の〝片岡三兄弟〟は親孝行だ。私はインタビューで、三人兄弟に対する仁左衛門観をうかがったことがある。

長男我當さんについて。

「あれは素直すぎて困っちゃうんです。正直な点もあるけれども、何でも人の言うことを素直に聞いちゃうんでね、悪い人にでもだまされやしないかと思ってるんです」

二男秀太郎さんについて。

「これはやっぱり女形だけに、ようく細いことに気がつくのと、後輩を育てることは非常に一所懸命ですね。あの人もちょっと見た目は弱いように見えますけど、わりあい芯は強いんです」

三男孝夫さん。

「おかげさまで非常に人気があるし、幸せのようだけれども、いちばん心配ですねぇ。ちょっと評判が上回っていやしないか。今の人気に甘えちゃいけない。私がしょっちゅうやかましくいうし小言をいうから、心得ているはずだけど。それが心配でねぇ」

私は、この父親としての十三世の、慈愛のこもった息子たちに対するおもいをうかがい、感動した。内にも外にも本当にいい人だった。

平成六年(一九九四)三月二十六日、十三世仁左衛門は逝ってしまったが、柩《ひつぎ》に納められたお姿・面差しは、まるで千日回峰《せんにちかいほう》をなしとげた高僧のように気高く見えた。葬儀の司会役だった私は、仁左衛門の柩に『吉田屋』の伊左衛門の衣裳がのせられているのを見て、涙した。

(『歌舞伎座筋書』二〇〇六年三月)

二代目鴈治郎『すしや』の権太

昭和四十三年（一九六八）という年は、私にとってひとつの節目で、八月に、六年間暮した大阪から東京へ転勤になった。

転勤する前、この年の二月に観た大阪新歌舞伎座での二代目鴈治郎の『義経千本桜』いがみの権太が、強く印象に残っている。

「権太」という言葉は、いたずら者とか腕白者という意味の大阪弁の代名詞で、『義経千本桜』の三段目「すしや」から出た言葉だから、いがみの権太は「権太」の総本山《そうほんざん》である。したがって、この役はどうしても上方役者がニンに合っている。しかし、六代目菊五郎がすばらしい権太を演じたらしく、東京の『すしや』は、まるで江戸ッ子のような権太になってしまった。それはそれで一つの型だが、大阪では「實川延若《じつかわえんじゃく》型」とか「中村鴈治郎型」がまだわずかに残っていて、二代目鴈治郎の権太は、その名残りの舞台だったと思えてならない。それほど二代目鴈治郎は〝吉野の権太〟というイメージを色濃く見せてくれた。なんといっても、上方役者が本格的な上方弁の面白さで見せてくれたことがうれしかった。

お里は田之助、弥助は扇雀(のちの坂田藤十郎)だった。この二人の色模様のあと、うさんくさそうに「キリキリと行きさらさんかい」と怒鳴るところに、まず大和下市《しもいち》の権太らしいムードが感じられる。

母親(璃珏《りかく》)に金をせびるくだりでも、母親の「こりゃまあ、錠がおりてある」をうけて、権太は思わず無頼漢《ならずもの》の声で「そんなら俺がカチカチと」と言ってしまい、そのあとは猫なで声で「わたしが開《あ》けてあげましょう」とやる。このあたりの細かい変化が、鴈治郎の人柄とうまさなのだ。

「ふん縛《じば》って金にするのだ」と〝向う鉢巻〟で弁慶格子《べんけいごうし》の浴衣の権太が、二重《にじゅう》から平舞台に躍びおり、大きく見得をし、お里を蹴飛ばして花道にかかり、鮓桶《すしおけ》を忘れたのに気づいて七三に止まり、ポンと膝をたたいて片肌ぬぎになると同時に、一回転して本舞台方向にむき直り、両手の肘《ひじ》をまげて腰の横にかまえる、まるで運動選手のように三味線にのって左右の腕を交互に動かしながら本舞台に引き返し、面白い格好で鮓桶を左脇に取って七三に戻り、左手はそのまま、右手で浴衣の裾をとって大見得。歩み出す前に右手を鮓桶に添えて、揚幕の内に入る。

梶原の首実検は「面《つら》あげさせい」の声に「へーイ」と低く長く返事をして立ち上り、小せんと善太の後に廻り「面をあげろとおっしゃる、面あげんかい」のセリフで、二人を右足でこづき、そのあと両手でさッと浴衣の裾《すそ》をうしろにはねあげ、二人の間に膝《ひざ》をつき、それぞれのあごに左右の手を当て顔をあげさせる。ここは延若の型を取り入れたらしい。

手負いになってからもよかった。「そのお二人と見えたのは俺の女房、せがれでござる」とか「たまったもんじゃァごんせんわい」に権太の悲しみが私に伝わった。傷口が痛むので声の使い方が難しいが、その高低の使い分けがうまく、「なんぼ鬼でも」で裸の胸をピシャピシャとたたいてから「邪心でも」と続けるなど、成駒屋のサービス精神からか仕事も多かった。

私はこの権太がとても気に入った。もとより二代目鴈治郎はうまい役者で、『沼津』の十兵衛が歩くだけで、その歩き方が「いかにも十兵衛だ」と感じさせ、上方役者の芸があふれ出ていた。『すしや』の権太は、六代目菊五郎らが洗いあげた「江戸型」のすっきりした権太もいいが、やっぱり「上方型」には吉野のならず者らしい本物の味があり、その点ですぐれている。

二代目鴈治郎の思い出は尽きない。京都祇園のお座敷ＢＡＲ「波木井《はぎい》」の主人波木井正夫さんは、二代目鴈治郎が大好きで、その声色は絶品だ。私は京都を訪れるたびに〝波木井さんの鴈治郎〟で、ありし日の成駒屋を偲ぶ。

余談だが、『すしや』に出てくる釣瓶《つるべ》鮓《ずし》は桶を専門に作っていた職人がいなくなり、桶に必要な長い藤づるが手に入らなくなって、昔ながらの「弥助鮓」を作るのが難しい、と聞く。

古いものを守ることについては歌舞伎も同様で、江戸歌舞伎に対する上方歌舞伎があるからこそ芝居の醍醐味を味わうことができる。古い上方歌舞伎を守ることが大切で、なつかしむ思い出だけではすまされない。

四代目坂田藤十郎の夢

この書の「「第一回東宝歌舞伎」の思い出」の項で、くわしく述べた通り、私の学生時代、十七代目勘三郎の声色で、当時の扇雀とセリフを交わしたあいだだから、藤十郎との交流は六十五年も続いたことになる。

その扇雀が三代目鴈治郎となり、四代目坂田藤十郎になって、やっと長年の夢を叶え、もっともっと近松門左衛門や初代坂田藤十郎を彷彿《ほうふつ》させる舞台を目指したかったであろうに、令和二年(二〇二〇)に亡くなってしまったのは、まことに寂しい。

常に腰が低く、私たちにもやわらかく丁寧に応じてくれた藤十郎は、昭和二十八年(一九五三)に新橋演舞場で『曽根崎心中』を復活させた。そして、生涯一四〇〇回もお初を演じて、八十歳を超えても、なお若さを失わなかったことに感動する。

放送を通じて藤十郎にはいろいろ接触があった。平成二年（一九九〇）の正月に放送の『日曜インタビュー』も、そのひとつだ。この年の十一月に「三代目鴈治郎」を襲名することになっている扇雀に心構えをうかがった。録音は、京都祇園のお茶屋「鳥居本《とりいもと》」で、前年の十二月六日夕刻から始められた。「昭和」から「平成」になった年の暮である。

扇雀の若い頃、武智鉄二《たけちてつじ》の音頭で、文楽の大御所豊竹山城少掾《やましろのしょうじょう》の義太夫で息のツメ方を学び、能の櫻間道雄《さくらまみちお》には来る日も来る日も畳の上を歩かされ、それで歩行がきたえられて腰がゆれなくなったと、なつかしそうにふりかえった。

「よく私たちは〝武智歌舞伎〟の申し子と言われますが、あれは、私や鶴之助（のちの五代目富十郎）が言ったのではありません。マスコミが作ったんです」

と笑った。また、上方《かみがた》歌舞伎は「型」より「心」を大切にし、先人の真似ばかりではなく、自分にふさわしい芸をつくることに集中する。役者というものは、死んでから評価されるのだ、と言われた。

このインタビューの最後に、「上方和事《わごと》」の始祖とも言われる初代坂田藤十郎の芸が目標で「もう一度、生れ変って現代の藤十郎を何かの形で残すのが私の夢」と言われたのも印象に残っている。これから三代目鴈治郎を継ごうとする人が、かほどまでに「藤十郎」にこだわるのかと、その熱意におどろいた。

このインタビューから十五年後の平成十七年、七十歳を過ぎてから四代目坂田藤十郎になり、自分の信念をつらぬき通したのにもびっくり。まさか、「成駒屋」から「山城屋」になるとは。その「藤十郎」という強いあこがれに驚嘆したのである。

役者には〝若さとあこがれ〟が大切だ。四代目藤十郎は、長いあいだ上方和事の大成者である初代藤十郎にあこがれ、「あのような役者を目指したい」という大きな夢を持つことによって、「若さ」も保ち続けた。そして近松門左衛門の脚本も綿密に研究した。近松の詞章は、調子のよい七五調ではない。字あまり字足らずのように一見みえるが、近松は「無功なる作者は、文句を必ず和歌或いは俳諧などのごとく心得て、五字七字等の字くばりを合わさんとする故、おのずと無用のてにはの（語呂合わせ）多くなる也」（『難波土産』）と述べている。つまり、調子のいい語感ではなく、ゴツゴツしていても、するどい表現を取ったことがわかる。

この近松の詞章をどのように伝えるか、初代藤十郎はどのように表現したか、平成の藤十郎はそのことに興味を抱いて、「あれか、これか」と思案をめぐらしたであろう。「近松の表現にはとてもいい音が入っています。いい音色がします」と私に話されたのを忘れない。

芝居は主役ひとりでは出来ない。腕の達者な脇役が必要だ。その脇役は昔ながらの上方弁をあやつれなければ純粋の上方歌舞伎は作り出せない。しかし、東京に一極集中する現代の歌舞伎界に、それを求めるのはとても難しくなった。片岡秀太郎は、そのことに警鐘を鳴らし、努力をしていたが、悲しいかな今年(令和三年)亡くなってしまった。上方歌舞伎はどんどん衰退していく。大阪人の関心も薄くなっているのが残念だ。そして大阪弁自体も時代と共に変化しつつある。

江戸歌舞伎でなく、上方歌舞伎をじっくりと味わうのが、本当の〝歌舞伎の愉しみ方〟だ。『封印切』や『河庄』で上方役者どうしが大阪弁でやりとりするシーンの面白さは格別であることを知ってほしい。消えていくのは本当にもったいない。

四代目坂田藤十郎も、自身の夢を叶えたとはいえ、もうひとつ力及ばず、道なかばを心残りにして旅立ったのだろう。

十八代目勘三郎の感性

安藤鶴夫のエッセイに「勘九郎の頬ッぺ」というのがある。

アンツルさんが、ヤンチャ坊主の勘九郎(十八代目勘三郎)を訪ねたら、「手品を見せる」と言う。コピットゲームの赤や青のピンを右の耳に入れ、勘九郎が目をつぶれと言うので目をつぶり、目をあけろというから目をあけると、左の耳から出す。

そのたびにアンツルさんは大仰に驚くので、勘九郎は大満足だ。そばで見ていた勘三郎(十七代目)がたまりかねて横槍を入れる。

「目ぇつぶる手品なんてありませんよッ」

でも、アンツルさんは面白がって、その手品に一回一回驚き、そのたびに勘九郎の頬ッぺにチューをするというエッセイなのだ。

私も実際に、この手品を拝見させられたから、十八代目の幼い日の天才坊やぶりをなつかしみ、同じ楽屋で目を細める十七代目の姿を思い出す。

その後の十八代目が八面六臂の大活躍をするのは誰もがご承知のとおりだが、見物を喜ばそうとする懸命さと、その天才ぶりは生涯変わることがなかった。

かほどの天才にも、かつて恐ろしい先輩の存在があった。六代目歌右衛門には、いつも手厳しい叱声をあびたようだ。ある日、成駒屋に呼び止められて、

「哲明《のりあき》ちゃん、少しましになったねぇ」

と言われ、めずらしいことがあるものだとうれしくなり、ありがとうございます、と礼を言ったら、

「何言ってるンだよ、天気だよッ」

で、ギャフン。

こうした先輩のいてくれたことが大きな励みになったと、十八代目が対談でしみじみ話したこともあった。

十八代目との思い出は、なんと言っても、NHK特集『鏡獅子三代〜勘九郎・難曲への挑戦〜』というテレビ番組を制作したことである。六代目菊五郎の至芸といわれる『鏡獅子』を十八代目は人生のテーマと決めているフシがあった。六代目の骨格、体力を科学的に分析して、

「どうして、これほど、うまいのか」を六代目の五体から解き明かそうという番組の企画意図に、十八代目は全面的に賛同してくれた。

昭和六十年(一九八五)の夏、六代目夫人の千代さんを訪ねて着物の寸法を測ったり、六代目の『鏡獅子』の木彫を制作した平櫛田中《ひらくしでんちゅう》の美術館で資料写真を発見したり、筑波大学での数々の実験にも、十八代目は汗だくになって協力してくれた。今でも、その熱心さに頭が下がる。それは、なんとか六代目菊五郎、十七代目勘三郎、そして自身と引き継いだ大曲の『鏡獅子』という踊りを、完全に極《きわ》めたいとの熱い想いからだったろう。もとより天才的な舞踊の能力をもつ十八代目だ。まったく、天才が努力するほど強いものはない。

平成十九年(二〇〇七)一月、『鏡獅子』を歌舞伎座で踊った後、

「初めて無心で踊れましたよ」

と、十八代目は満足そうだった。

『鏡獅子三代』は、思わぬところで再び日の目を見ることになる。平成二十四年二月、長男勘太郎が六代目勘九郎を襲名することになり、その公演の演目のひとつが『鏡獅子』だった。襲名直前の『NHKアーカイブス』で再放送されたのである。この収録の時、スタジオに招かれた勘太郎は「踊る前から、こんなに〝鏡獅子、鏡獅子〟と言われると、聞くだけでもイヤになります」と、冗談まじりに吐露したが、その気持ちはよくわかる。

しかし、十八代目が亡くなったあと、歌舞伎座の大舞台で、勘九郎と七之助が半月ずつ交代で踊った『鏡獅子』の、兄弟揃っての見事さには、大きな感動があった。十八代目が見たら、どう言っただろうか。その父親の評の聞けないのが痛恨の極みだった。

話は前後するが、平成二十四年五月九日、浅草の平成中村座の『め組の喧嘩』は楽しかった。勘三郎のめ組の辰五郎は詰《つ》んだイキが実にみごとで、大詰の勢揃いから橋之助（現芝翫）の四ツ車や片岡亀蔵の九龍山を相手にしての大立廻りも小気味よく、め組の結束力まで存分に見せてくれた。三幕目の「喜三郎内」が珍しく、最後に梅玉の喜三郎が仲裁に入る意味がよくわかった。

この頃、勘三郎の健康状態が心配されていたので、楽屋に訪《おとな》うのをためらったが、思い切って行ってみたところ、本当に上機嫌で迎えてくれ、「最近、ちょっと疲れるのよ」とは言ったものの、いつも元気印の十八代目に会って私は安心した。

千穐楽の舞台は、のちほど録画で見たが、『め組の喧嘩』の終ったあとの趣向で、浅草の木遣り連中が、

〽お家繁昌、街繁昌、またの御縁があったなら、再び中村座に参ります……

と唄うと、勘三郎が、たまりかねたように滂沱《ぼうだ》たる涙を流した。「平成中村座を立ち上げてよかった」という、喜びが手に取るようにわかった。

この辰五郎が、十八代目勘三郎との別れになった。

十代目三津五郎　いぶし銀の芸

「三津五郎さん、あなたまで逝ってしまうのですか。待って下さい！」

訃《ふ》報《ほう》に接した時、心の底からそう思った。つらい知らせだった。ライバルであり盟友だった十八代目中村勘三郎のＮＨＫ追悼番組で、私と共に悲しみを吐露したばかりなのに、その坂東三津五郎が亡くなってしまうとは、あまりにもむごい。

大和屋の芸をこよなく愛する者にとって、三津五郎を失ったことは、まことに大きな損失である。三津五郎が歌舞伎舞踊の第一人者であることは今更言うまでもないが、これからますます自身の芸の円熟を目指すと同時に、若い役者たちの指導的立場という役目も大きかったはずだ。それが叶《かな》わなくなったことが口惜しい。

私は坂東三津五郎を七代目、八代目、九代目、当代と四代にわたって観ているが、当代の三津五郎との最初の出会いは、昭和三十二年（一九五七）三月の明治座であった。この時、のちに十代目三津五郎となる守田寿《ひさし》は一歳二ヶ月。〝踊りの神様〟と言われた七代目に抱かれ、『傀儡師《かいらいし》』という舞踊で初目見得した。

三津五郎が生まれた年にNHKに入っていた私は、初任地の青森から夜行列車で上京し、この舞台を観た。三階席から見る三津五郎の小さな顔はほとんどわからなかったが、今になってみると、彼には深い縁があったのだと思う。

三津五郎は、昭和三十七年に「八十助」の名で初舞台を踏む。その頃、歌舞伎の人気は低迷していて、なんとかしたいと思う「松竹」は子供歌舞伎を企画した。出し物は『白浪五人男』。この時の配役は日本駄右衛門（現雀右衛門）、弁天小僧（八十助、のちの三津五郎）、忠信利平（現又五郎）、赤星十三郎（現時蔵）、南郷力丸（勘九郎、のちの十八代勘三郎）で、八十助の弁天小僧や勘九郎の南郷は、天才的なうまさで歌舞伎ファンをうならせた。これが歌舞伎復活ののろしだったと思う。強い印象の残る舞台として、今も目に浮かぶ。三津五郎と勘三郎は、この時からライバル関係であり、また盟友でもあった。そういう宿命にあったのだろう。違った芸の味を持った二人は、同学年として共に成長していった。

踊りの名手として知られた三津五郎だったが、彼の芸は勘三郎とくらべ、やや地味に見えた。マスコミにアピールするのは、いつも天才的な感性を持つ勘三郎のあざやかさであったけれど、玄人の歌舞伎見巧者《みごうしゃ》は、三津五郎の格調ある芸を好ましく感じていたフシがある。かつて、勘三郎が「勘太郎の踊りをたのむ」と、息子を三津五郎に預《あず》けたことがあったのだが、こんなに踊りの上手い人が息子を他の人に預けるのかと驚いた。勘三郎が、基礎を大切にし、格調のある三津五郎の芸を信頼していたということだろう。

私が芸能番組を担当するようになってからは、三津五郎と頻繁に交流するようになった。彼は、優しい穏やかな人で、インテリでもあった。とても熱心な勉強家で、自分の芸をきっちり研究し、作品を咀嚼《そしゃく》することで演技を裏づけできる人であった。

三津五郎の芸は「いぶし銀」の味わいがあった。決して前ウケをねらわず、基本に忠実で格調ある芸風だった。それが上品な光を放って美しかった。

そんな三津五郎にもいくつかの挑戦があった。今でも思い出すのは、平成二年(一九九〇)正月に浅草公会堂で演じた『鳴神《なるかみ》』の鳴神上人の荒事だ。最初は本人も尻込みをしたというが、それをしっかりと乗り越えた。平成七年八月の歌舞伎座では、座頭格の役である『熊谷陣屋』の熊谷次郎直実を堂々と演じ、実力を存分に示すことができた。

平成二十五年八月歌舞伎座の『髪結新三《かみゆいしんざ》』になると、独壇場で、江戸前の七五調のセリフが実に素晴らしかった。それを三津五郎に伝えると、すぐ返信が届き「今月の新三は、うまい下手よりも、何より江戸の風、江戸の匂いのする舞台になることを祈って勤めておりました」と書いてあった。そこにまた、三津五郎の深い境地を見出したものだ。

三津五郎の芸は、実に、さわやかだった。出しゃばりは野暮だが、少し控えめにすると粋となりイナセとなる。世話物など、少し地味な舞台面に照れ屋な男がキビキビと動くさまに「江戸前」を感じるのは私だけだろうか。

踊りは勿論のこと、セリフも実にうまかった。大きな声を出しても、えもいわれぬ抑制が効いている。小さい声もきちんと通る。歌舞伎以外の舞台やテレビなど、広範囲な活躍が出来たのも、この〝セリフ上手〟のおかげである。

考えてみれば、私は三津五郎の七代目から十代目まで〝四代の大和屋〟の芸を観てきたわけだが、そうした〝血筋の芸〟を大切にすることが十代目の芸道の主題だったような気がする。

新しい歌舞伎座の柿落《こけらおとし》興行で『喜撰《きせん》』を踊った時に、七代目・八代目愛用の鏡台の前で支度をし、父祖の思いを重ねた喜撰法師となっていた。

勘三郎と共に演じた『三社祭』や『権三《ごんざ》と助十』、『棒《ぼう》しばり』の楽しさは無類だった。そして更に、平幹二朗が千利休を演じた『獅子を飼う――利休と秀吉』の秀吉では、三津五郎の芸域の広さとセリフ術の巧みさに感動した。

ああ、無念残念。魂をこめて大向うから「大和屋！」と声を掛け、三津五郎の芸に名残を惜しもう。

十二代目團十郎の人格

令和二年(二〇二〇)五月の歌舞伎座は、恒例の「團菊祭」で、十三代目の市川團十郎白猿が誕生するはずだった。

おりしも「新型コロナウイルス」が世界じゅうを席捲して、まったく迷惑な話だが、市川家の〝家の芸〟である荒事《あらごと》で吹き飛ばしてほしいものだ。

もう二十年も前だが、平成十一年(一九九九)十一月八日に、雑誌の対談で、当時は新之助だった現海老蔵に会った。対談の前に写真撮影があり、新之助の顔をファインダーでのぞいたカメラマンが唸《うな》った。

「こんな眼を、初めて見た！」

海老蔵の眼力《めぢから》はまったくすばらしい。その眼をぞんぶんに生かした「見得《みえ》」は、だれもが感動する。そんな眼と容姿を生かした演技はみごとである。しかし、海老蔵の目指すべきは、父親・十二代目團十郎の誠実な「人間性」だろう。手本にして歌舞伎の将来を背負ってほしい。十二代目團十郎はほんとうにいい人だった。人格的に立派であり、その人格が「芸」にしっかりとのり移っていた。

思い出すのは、昭和二十八年(一九五三)十月の歌舞伎座。当時の「夏雄ちゃん」は、『大徳寺』という芝居に「三法師《さんぼうし》」(織田信長の後継子)役で登場した。私はまだ学生時代で、歌舞伎に傾倒し始めたころである。

このときの夏雄ちゃんは、黒眼がちの大きな眼《まなこ》の可愛らしい子どもで、〝海老さま〟と絶大なる人気があった美しい父親の海老蔵(のちの十一代目團十郎)に抱かれての初舞台。まさに幸せの絶頂にあると、だれの目にも見えた。

ところが、その十二年後、私たちファンは絶望のどん底に突き落とされた。海老蔵が十一代目團十郎を襲名してわずか三年で、十九歳の息子を残してこの世を去ったのである。歌舞伎界の孤児になってしまった新之助(十二代目團十郎)は、ただひとり、厳しい梨園《りえん》の荒波に耐えるしかなかった。

しかし、新之助は負けなかった。辛抱強く、薄皮をはがすように——欠点を一つ一つ克服し、成長していった。

周囲も、彼のおだやかな性格や、真面目な努力に対してあたたかな支援をするようになり、先輩たちから〈あの子は、教えがいがある。真剣に人の言うことを聞く〉と、信頼を集め、やがて昭和四十四年の十代目海老蔵襲名、昭和六十年の十二代目團十郎襲名と、輝かしい足跡をきざんでいくのである。

歌舞伎十八番の『勧進帳』『助六』『暫』『鳴神』『毛抜』など、成田屋の芸は、スケールの大きさがモノを言う。小手先《こてさき》のチマチマとした芸は似合わない。十二代目の演技は、常に大きく、おおらかで、強さの中にほのぼのとしたあたたかみがあり、魅力的だった。

『勧進帳』は、数ある歌舞伎狂言の中でも一番の人気がある。そして、強い弁慶がぞんぶんに活躍する。弁慶役のポイントは、心の中にいつも「主人の義経を守る」という強い意志を持ち続けることだ。

強くなくてはほんとうのやさしさは生まれぬもので、強い男はやさしい。弁慶は、強いけれど、やさしさもほしい。そこに十二代目團十郎の弁慶の特質があった。

あるとき、私がインタビューで、

「弁慶を演じるときは、どんな気持ちでつとめるのですか?」

と聞いたことがある。それに対して十二代目は、きっぱりと、ただ一言、

「必死です」

と答えた。これを聞いたとき、弁慶役者の覚悟をひしひしと感じ、義経を守るためには死をもいとわぬ役目の重さが伝わった。

私は、『勧進帳』の主役は、弁慶でなく、義経だと思っている。

團十郎は、どちらかといえば慎重派だから失敗は少ないが、やっぱりナマの舞台では、セリフのド忘れというのがあり、ある対談で自身の失敗を披露してくれた。

「いちばん怖かったのは『勧進帳』ですね。『勧進帳』のセリフですと、富樫《とがし》、弁慶、義経まで居眠りしながらでも言えるはずなんです。そういう安心感が、かえっていけなかったんですね。新橋演舞場で、私が弁慶、十四代目守田《もりた》勘弥《かんや》のおじさんが富樫を演《や》ってくださった。〝不動の見得〟をしたあと、山伏問答が始まるわけです。富樫に「額《ひたい》に頂く兜巾《ときん》な、いかに」と言われ、そのとき、頭の中がパーッと真っ白になっちゃった。違うということはわかっているんですけど、とっさに「これぞ五智《ごち》の宝冠《ほうかん》にして……」のセリフを言ったわけです。勘弥のおじさんがキョトーンとしてね(笑)。あまりにも間違ったセリフを突拍子もなく言われたんで、おじさんの羽二重《はぶたえ》がチチチッとずれたのが見てわかりました。おじさんがもう一度、親切に「額に頂く兜巾な、いかに」と言ってくれても駄目。次のセリフが出てこない。このハプニングで、山伏問答のくだりは十三分くらいかかりますが、それが四分くらいで終わっちゃったんです（笑）」

『弁天小僧』でも失敗があったらしい。弁天小僧と南郷力丸が、ゆすりそこねて、十両だけもらって懐《ふところ》に入れて「じゃア行こう」と立ったとたん、ガラガラと小判をばらまいてしまった團十郎。南郷力丸の初代辰之助が「しょうがねぇな」とぼやきながら拾ってくれたとか。

團十郎と私が、ともに失敗したことがある。銀座でハシゴしたときのこと。かなり酩酊《めいてい》してごきげんで帰宅したまではよかったが、翌朝起きて気がついた。紺のオーバーは、なんと團十郎のもので、おどろいた。タクシーの中で取り違えたのだ。家内が、まともに言った。

「團十郎さんのオーバーなんて貴重よ。返すのは惜しいわね」

ＮＨＫの番組『わたしの自慢料理』に出演したのは、昭和五十一年三月で、収録日は三月二日だった。当時、海老蔵だった團十郎はまだ独身で、どんな料理をつくってくれるのかと、私には少し不安もあったが、なかなか器用に包丁を使った。左ききだ。

料理の一つ目は、「香り巻き」と称し、セロリ・長ネギ・椎茸・ニンニク・挽肉《ひきにく》をまぜて炒め、それをレタスで巻いたもの。二つ目は、大根と帆立貝のあえもの。塩胡椒《しおこしょう》だけの味つけはさっぱりしていた。三つ目は、海老をすり身にして生姜《しょうが》と混ぜパンの上にのせ、胡麻《ごま》を〝三升《みます》の紋〟の形にほどこし油で揚げたもの。名づけて「成田屋揚げ」である。

手つき一つ一つが、大胆で、分量は大ざっぱだから、これは正《まさ》しく「荒事」だ。最後に『直《なお》侍《ざむらい》』のそばの食べ方を教えてもらったが、コツは「一気に食べること」らしい。薬味のネギを放りこんだら、ぐずぐずせず、勢いよくすすり込むところが粋に見えた。

その夜は、海老蔵と神田明神下の、なじみの天ぷら屋で痛飲した。一つの仕事が終わったときは心がゆるむもので、それまで私が気がつかなかった梨園の現状や、芸の話を海老蔵は聞かせてくれた。

いい心持ちに酔って帰ろうとすると、

「ちょっとつき合ってください」

と海老蔵が言う。どこへ行くのか。タクシーで夜道を走っていくのだから道筋はさっぱりわからないが、おそらく麴町あたりだったろう。大きなマンションに案内された。そして、初めて紹介されたのが、海老蔵の結婚相手、希実子さんとその一家だった。

結婚相手はだれか？と世の中がつきとめようとしている最中《さなか》だったから、かなり思い切った彼の行動に、私はおどろいたが、どんな挨拶をしたかは覚えていない。おかしかったのは、「これはマスコミに内証ですよ」と海老蔵が小声でささやいたことだ。私もマスコミのはしくれだったのに……。

悲しかったのは、平成十六年の十一代目海老蔵襲名の歌舞伎座だった。なんといっても眼玉《めだま》は『勧進帳』で、私は五月六日の夜の部を、十二代目團十郎の弁慶、十一代目海老蔵の富樫、義経は尾上菊五郎という、すばらしい配役で観ることができた。

歌舞伎座のロビーで、森繁久彌さんに会うとは、思いがけないタイミングだった。この人も芝居が大好き、声色《こわいろ》も得意で、いつもじゃれ合う。車椅子の森繁さんに最初気がつかなかったが、なじみの付き人シン子さんから知らせがあり、私はすぐかけ寄り、森繁さんの手をにぎった。その手はつめたかった。森繁さんは、しばらく私の顔をじっと見て「オー」と声をあげ、「元気ですか?」と聞く。「こりゃ逆ですよ」と私は答え、みんな周囲が笑った。アナウンサーの大先輩が、老いてなお『勧進帳』を観にやってきたことが、うれしかった。

『勧進帳』に、とても期待は大きかったが、なんとなく團十郎に精気のないのが気になった。「延年の舞」のくだりに疲れが感じられたものの、セリフはしっかりしているし、容姿はほんとうに立派で、最後の飛六方の前に、

「お父さん、ご苦労さん!」

と、大向うをやってしまった。満場がドッと沸《わ》き、なごやかな花道と化した。

だが、五月九日から体調不良を訴え、検査のため入院となり、せっかくの息子との共演は、

「十日から休演」のやむなきに至った。團十郎の生涯でいちばん残念だったのは、この興行での挫折《ざせつ》だったのではないか。そして、このあと、壮絶《そうぜつ》な白血病とのたたかいが始まった。ただ私は、團十郎の復活を祈るしかなかった。

秋が訪れるまで、長かった。そして、うれしい便りが、團十郎から届いた。

「御心配をかけましたが、やっと寛解《かんかい》となり退院となりました」との知らせだった。

この手紙をもらったときは、團十郎の誠実さに感動したし、日ごろ「多難は強運なり」と言っていたとおり、その気力をたのもしく感じた。

市川家の家の芸は、弱きを助け、邪悪なものには勇猛果敢《ゆうもうかかん》に立ち向かい退治する「荒事」である。團十郎は、みごとに難病を克服し、『團十郎復活』（文藝春秋）という著書まで出版した。私はただちに「産経新聞」に書評を書いた。

『團十郎復活』を読み終えて、これは正しく〝荒事の実録〟だと思った。平成十六年に発症した「急性前骨髄球性白血病」。この難病の苛酷《かこく》な治療に耐え、みごと復活した闘病の日々を、あますところなく綴《つづ》った貴重な記録である。

團十郎丈の筆致は、その人柄そのもの、真正直だ。普通の患者と同じような「不安」「期待」「忍耐」「歓喜」が自然体で表現される。私自身も十年前に三つの大病を経験しているので、入院中の團十郎丈の心理状態がよくわかる。医師のちょっとした言葉や態度に神経を研《と》ぎすましたり、妙に強がったりしてしまうこともある。しかし白血病治療の難しさはケタちがいで「自家移植」とか「同種移植」のくだりは、さすがに緊迫する。

長い入院生活の間にはユーモラスに描く場面もあり、ほっと一息つく。採血の時の上手な医師と下手な医師を「地下水脈から温泉を掘り当てるような」と表現したり、輸血のときに「この血は美女のものかも……」などと考えていたら、奥様に「いま何を考えているの?」とタイミングよく聞かれたり。

團十郎丈の歌舞伎の舞台での魅力はなんといってもスケールの大きな演技だが、これほどの病魔に対しても、おおらかにゆったりと対処していたことに感動する。

團十郎丈は若いころから望遠鏡をのぞく天体観測が趣味であった。人間の体内では六〇兆の細胞が常に働いており、その中でも血液は重要な役目を果たす一つの宇宙である。おそらく團十郎丈はその〝血液の宇宙〟に対して、謙虚に理解を深め、自然体で観測し、市川家独特の荒事のような大きなスケールで白血病を克服したのだと思う。

全編に團十郎丈の誠実さがあふれ、白血病患者だけでなく、病気とたたかっている人々に勇気と希望を与える一冊だ。

團十郎と最後に会ったのは、平成二十四年十一月十八日、師走の京都「南座」に出かける直前だった。

佐賀の〝色鍋島《いろなべしま》〟の伝統を受け継ぐ陶芸家・十四代今泉今右衛門《いまいずみいまえもん》さんの展覧会が東京虎ノ門の「菊池寛実記念 智《とも》美術館」で開かれ、その催し物の一つとして、十二代目團十郎との対談が企画され、私が司会役をおおせつかった。

この対談は、実に内容が充実し、しかも楽しかった。二人とも江戸時代からの伝統を受け継ぐ家柄であり、歌舞伎の芸と陶芸の芸には共通点がたくさんあった。

それぞれに代々伝わる「型」があり、「手法」がある。でも「型」は、「形」ではなく「心」で、それにたずさわる人の「人間性」が大切なのだ。芸を研《みが》くのはもちろんのこと、人間性を高め、表現者としての感性を、長い時間をかけて研き続けることを、おろそかにしてはいけないと、二人は口を揃え強調した。

「若いときは、どうしても前へ出よう出ようとするんですが、だんだんわかってくる。自分の手柄《てがら》をひけらかさないのが粋というものですかねえ」

と、團十郎が言えば、今右衛門も、

「最初は理屈ばかり先に考えて、ごちゃごちゃした作品になってしまいますが、だんだん自分の美意識を信じるしかないのに気づきます。自然とともに生きていくつもりです」

と受けていた。

先祖への「感謝」と、日本の文化に共通する「品格」を大切に努力しようと、二人が相槌《あいづち》を打ったのが美しかった。

二人の呼吸は気持ちよく合い、先祖の力の大きさや、自然体の不思議な力に敬意を表し、最後は「表現とは全人格からにじみ出るもの」という結びになった。

あとで團十郎は、息子のことにもふれ、

「先日、成田山に参詣したとき、海老蔵が色紙に〝感謝〟と書きましたよ。だんだんわかってきたかな」

こう言って、あとは「カンラ、カンラ」と豪快に笑った。いい秋の夜だった。

これが、十二代目團十郎との別れになってしまった。

十三代目團十郎の襲名興行は、残念ながら延期になったが、勸玄くんも、八代目新之助を名乗る。きっと十二代目は、息子や孫を、強くてやさしい弁慶のように、見守ってくれるだろう。

（『銀座百点』銀座百店会、二〇二〇年五月号）

Ⅲ　名狂言の力

『勧進帳』の人気

歌舞伎の演目で人気投票をやると、ほとんどで一位にランクされるのは『勧進帳』である。かつてこの舞踊劇は、あまりにひんぱんに上演されたため、安宅《あたか》の関を〝またかのせき〟と皮肉られたものだ。でも、日本人は飽きることなく見続け、拍手を送ってきたのだから、よほど『勧進帳』が好きなのだろう。

私が初めて『勧進帳』を観たのは、昭和二十八年(一九五三)五月の東京歌舞伎座だった。義経が七代目梅幸、弁慶が二代目松緑、富樫が九代目海老蔵(のちの十一代目團十郎)で、四天王の中に大川橋蔵がいたのもなつかしい想い出である。とにかくいい芝居だと聞かされていたから期待も大きく、ドキドキしながら開幕を待った。

幕が開くと、まず私の眼にとびこんできたのは松羽目の背景の前に整然と並んだ長唄囃子連中だった。その豪華な邦楽の世界に目を見張り、日本人としての誇らしさが胸一杯にひろがった。「これが日本なんだ」と。

そして静かな笛の音につれて富樫が登場する。

「かように候う者は、加賀の国の住人富樫左衛門にて候」と名乗ったあと、頼朝・義経兄弟が不和になり、陸奥へ逃れようとする義経を捕えるため、自分は厳命によって安宅の関を守っているのだと説明する。その状況を日本人なら誰もが知っているのも『勧進帳』の強みだ。

こうして始まった『勧進帳』は、最後に弁慶が花道を飛六方で引っ込むまで、ゆるむことなく私を惹きつけて放さなかった。観るたびごとに新しい発見や感動があった。いかにこの舞踊劇がよく出来ているか、作劇のよさに驚くほかはない。

江戸時代からずっと庶民の〝判官《ほうがん》びいき〟は途切れることなく続いていた。つまり、権力者の頼朝より、不運な弱者の九郎判官義経が好きだったのだ。そしていつしか〝判官びいき〟は日本人の血の中に定着してしまった。『勧進帳』の母体（『星合十二段《ほしあいじゅうにだん》』）を作った初代團十郎や二代目もそれをふまえたのは当然だろう。

義経といえば、どこかおっとりと品のある、やさしい美男子を思い浮かべるが、実物を見た人はいない。江戸庶民は、芝居で判官や弁慶を見てイメージをふくらませたに違いない。

ここに七代目團十郎が登場する。天保十一年（一八四〇）三月河原崎座で、当時海老蔵だった七代目團十郎が、能の『安宅』を下敷きにした『勧進帳』を初演した。作者は三代目並木五瓶《ごへい》、長唄の作曲は四代目杵屋六三郎、振付は四代目西川扇蔵。また講釈からヒントを得て山伏問答なども加えた。この名作・名曲・名振付・名演技が大好評を博したことはいうまでもない。

そして、明治二十年(一八八七)四月の天覧は、そののちの『勧進帳』に大きな影響を与えた。九代目團十郎の弁慶、初代左團次の富樫、五代目歌右衛門(当時福助)の義経による天覧劇は、それまでの歌舞伎の地位を飛躍的に格上げし、『勧進帳』は歌舞伎のステータス・シンボルとみられるようになった。更に、九代目亡きあとは七代目幸四郎に弁慶は引き継がれ、戦後はその息子の三兄弟(十一代目團十郎・初代白鸚・二代目松緑)が弁慶役者として活躍する。

『勧進帳』は、まるで金太郎飴のように、どこを切っても魅力がある。冒頭の〽旅の衣は篠懸《すずかけ》の……、のあとの三味線の大合奏「ヨセの合方」は誰もが耳になじんでいるものでうきうきするし、〽これやこの行くも帰るも別れては……、で義経、続いて四天王、最後に弁慶が花道に登場するくだりもたまらない。とにかく長唄がいい。弁慶が号泣する〽ついに泣かぬ弁慶も……、とか、大酒を豪快に飲むところの〽げにげにこれも心得たり……、などは長唄の聞かせどころだ。また、衣裳の色も見事だ。義経が古代紫の衣に黄緑の大口袴《おおくちばかま》、弁慶が黒地に金の梵字を散らした衣、富樫の浅黄(水色)の素袍など、人物の性格もそれとなく色で表現した智恵である。

『勧進帳』の主役は弁慶と思っている方が多いが、主役は義経だと私は考える。これが言い過ぎならば、主役は〝義経を思う心〟としよう。勇壮な弁慶もけっこうだが、義経を思う情が舞台全体に満ちた『勧進帳』であってほしい。

とにかく『勧進帳』は、みんな大好きで、私などは、『勧進帳』の三文字を見ただけで、あのゾクゾクするような長唄・三味線・鳴物が、どこからともなく聞こえてきて、演ずる役者の姿かたちが浮かび、もうじっとしていられなくなる。これまでにいろんな『勧進帳』を見た。今の猿之助の曽祖父の二代目猿之助(初代猿翁)の弁慶は、短軀《たんく》であったが、腰のすわった弁慶で、飛六方など大きな丸い鉄砲玉が花道を風を切ってとんでいくようだった。

昭和四十年(一九六五)三月、〝弁慶役者〟といわれた七代目幸四郎の追善興行が行われたとき、三人の息子である十一代目團十郎、八代目幸四郎(のちの初代白鸚)、二代目松緑が、弁慶と富樫を交代でつとめ、大阪から上京した私はどれを見るのか戸惑ったことを覚えている。思えば、九代目團十郎、七代目幸四郎、そしてその息子の強力な三兄弟という系譜があったればこそ『勧進帳』がしっかりと残ったのだろう。

ところで、学生時代に観た前進座の『勧進帳』にも興奮した。河原崎長十郎が弁慶だった。長十郎という人は『勧進帳』(角川新書)という書物まで書き残したほど克明な研究をしたが、その本の中で、五代目歌右衛門が見物に来たときのことを書いている。

「長十郎は、勧進帳を読むところまでゆかないうちに、もうくたびれてしまっているねえ」

そう成駒屋からことづけがあったようだ。見巧者が見ると弁慶の疲れの様子が手にとるように見えてしまうのだが、学生時分の私には、大熱演に思えた。とにかく大変な役なのだ。

五代目富十郎の弁慶を初めて見たのは、日生劇場がオープンしたばかりの昭和三十九年正月で、このときは市川雷蔵が富樫、猿之助(現猿翁)が義経という珍品だった。富十郎はまだ鶴之助の時分だが、すでに百回も弁慶を演じていた。気合いのこもった若々しい弁慶で、武智鉄二さんの肝煎りなのか、七代目團十郎の初演当時の縦縞模様の衣裳をつけたり、延年の舞で花道へ行って〝烏《からす》飛び〟を見せたりする独特の工夫がこらされていて、びっくりした。

偶然だが同じ三十九年正月に東横ホールでは、のちの十二代目團十郎となる新之助がやはり弁慶を演じていて、「家の芸をしっかり受け継ぎますよ」という意思表示をしているように見えた。『勧進帳』は、なんといっても、成田屋の家の芸だから、教えられた通り慎重に演じていた。

プロ野球でもそうだが、とびぬけて強いチームが独走するより、いろいろな特色を持ったチームが激しいペナントレースをしてくれた方がファンにとっては楽しい。それと同じように、歌舞伎でも、さまざまな組み合わせ、さまざまな演じ方で、いい意味の競いあいをした方が、より楽しいものだ。

弁慶にどっしりとした大きさを要求するとしたら、富樫はさわやかさがほしい。なぜかそういうイメージが強い。

そして、しつこく言いたいのは、『勧進帳』の主役は、弁慶でも富樫でもないということだ。義経だ。弁慶を主役と心得て、豪快一辺倒になりやすいが、深い胆力と智力を内に秘めた〝温かい弁慶〟でありたい。『勧進帳』という一幕は、常に「義経を守る」という精神に埋めつくされていなければならない。たしかに、動きやセリフは弁慶や富樫の方が派手だが、『勧進帳』は、その弁慶や富樫の心の中に、いつも在るのは義経でなければならないはずのものだ。

『仮名手本忠臣蔵』大序

私は学生時代に、三年続けて三種類の『仮名手本忠臣蔵』を味わうことができた。昭和二十八年(一九五三)十一月帝国劇場での関西歌舞伎、翌年十二月歌舞伎座の吉右衛門劇団、そして三十年十二月明治座の菊五郎劇団上演の三つである。

この時代は「大序」にしても、この役者にはこれだ、という配役がすんなり決まっていたものだった。関西歌舞伎ならば、セリフのさわやかな三代目寿海が若狭之助《わかさのすけ》、おっとりとした二代目鴈治郎が判官《はんがん》、理論家の簑助(八代目三津五郎)が師直《もろのお》、ふっくらした五代目富十郎の顔世《かおよ》と、どこから見ても順当な配役だったが、直義が五代目三升《さんしょう》で、なんだか爺むさいなあと感じた思い出がある。菊五郎劇団は、重量感あふれる二代目松緑の師直、品位たっぷりの七代目梅幸の判官、眉をつり上げた十七代目羽左衛門が若狭、顔世の福助(七代目芝翫)はまだ若手女形スターだった。吉右衛門劇団の顔世は六代目歌右衛門で申し分のない貫録を見せ、判官は十七代目勘三郎だったが、のちに師直で老獪《ろうかい》な権力者ぶりと好色な味わいで「大序」を盛り上げた。この時の師直は八代目幸四郎（初代白鸚）で実直な味、若狭はスタイル抜群の十四代目勘弥だった。こうした劇団ごとの「大序」を存分に味わえたのは幸運としか言いようがない。

ところで、『仮名手本忠臣蔵』は人形浄瑠璃《じょうるり》のために書かれた作品で、その人形浄瑠璃と歌舞伎との関係をもっとも色濃く感じさせるのが「大序」だ。『仮名手本忠臣蔵』は、各段にそれぞれ素晴らしい工夫がこらされているが、「大序」は、これから始まる芝居の単なるプロローグというだけでなく、まるで儀式のような演出である。人形芝居を敬うかのように開幕前には口上人形を使って配役を紹介したり、幕あきのあと、居並ぶ登場人物は、初め人形のように顔を伏せておいて、義太夫の語りにしたがって人間としての息が吹きこまれ顔を上げていく。

竹本座で寛延元年（一七四八）に初演された時の太夫の最高位は竹本此太夫《このたゆう》だったが、その頃から人形遣いの吉田文三郎が三人遣いの手法を考案したりして、しだいに太夫と対等の力を持つようになっていた。そして『仮名手本忠臣蔵』初演の時、「九段目」で文三郎が此太夫に注文をつけ、両者が衝突して、結局は此太夫が竹本座を去ることになるのだ。それほど人形遣いが力のある時代だったが、それはともかくとして、初演の「大序」と「九段目」を語ったのは最高位の此太夫だから、いかに「大序」が重視されていたかがわかる。

さて、口上人形の前ぶれがすむと、四十七の柝で幕があき「天王立ち《てんのうだち》」という太鼓が打ち出される。「大序」では下座の三味線はまったく使われない。「トーーザイ、トーーザイ」の「東西声」が七つ、五つ、三つと「七五三」に分けて掛けられると、「天王立ち」の鳴物だけで、「大序」の祝典ムードを高める。

色彩の智恵もある。師直の黒、若狭の水色、判官の黄。これがそれぞれの性格まで表現し、社殿や銀杏の背景と合わせて、実に効果を発揮する。

「大序」では、高師直の顔世への横恋慕がひとつの見どころだが、これは『太平記』の中の〝塩冶判官高貞の悲劇〟のくだりをそのまま借用している。足利尊氏の執事として権勢をふるっていた師直は、こんなうわさを耳にする。

「梅の香を桜の花の色に移して、柳の枝に咲かせたような絶世の美女がいる」

それが塩冶判官の妻だった。

師直は、自分の目下《めした》の者の妻ならなんとかなるだろうと、あらゆる手を使ってくどきにかかるが拒絶される。業《ごう》をにやした師直は「塩冶判官には謀反《むほん》の企てがあります」と尊氏にうその情報を流し、結局は、判官夫妻を死に追いやってしまうという悲劇である。『太平記』では妻の名は書いていない。

これを作者は取りこんだわけで、師直の好色ぶりや顔世の美しさは〝太平記ゆずり〟のものだろう。そして、師直が顔世に渡すラブレターは『太平記』の中の、兼好《けんこう》という能筆の法師にたのんで艶書を代筆させた内容そっくり。『仮名手本忠臣蔵』の先行作品『兼好法師物見車《けんこうほうしものみぐるま》』も『太平記』を拝借したものであることがわかる。

しかし、なんといっても『仮名手本忠臣蔵』の冒頭の言葉は、この作品全体を支配している。「嘉肴《かこう》ありといえども食せざればその味わいを知らずとは。国治《くにおさ》まってよき武士の忠も武勇もかくるるに。たとえば星の昼《ひる》見えず夜は乱れて顕《あら》わるる。ためしをここに仮名書きの……」という義太夫の語り出しは、作者の作意表明であり、「星」の字ひとつにも中心人物大星由良之助が匂ってくる。

『仮名手本忠臣蔵』の「大序」は、『太平記』の世界を借り、厳粛な儀式の形態をとって、色彩も豊かに、人形浄瑠璃に一目《いちもく》も二目《にもく》も置きながら、歌舞伎ならではの面白さを完成させた一幕といえるだろう。

（『演劇界』演劇出版社、二〇〇九年十二月号）

『菅原』の梅・松・桜

長寿社会では七十歳など当たり前の昨今だが、かつては、〝古来稀《こらいまれ》なり〟と言われたものだ。昭和十四年(一九三九)の春場所で、双葉山が七十連勝を目前にした時、実況放送していたアナウンサーの和田信賢は「不世出の双葉、今日まで六十九連勝、果たして七十連勝なるか、七十は古稀、古来稀なり」という名アナウンスを残したが、やはり双葉山は安藝ノ海に敗れてしまった。

さて、『菅原伝受手習鑑』という芝居の骨格には、白太夫の七十の祝事が一本通っている。「賀《が》の祝《いわい》」という固有名詞があるのではなく、「賀」は四十が最初で、五十、六十、七十、八十、九十と十年毎に祝うのが中国の風習だったらしい。

この白太夫のめでたい七十の賀を、三つ子の息子たちが揃って祝うのを愉しみにしていたのに、思わぬ悲劇となる『菅原』の導入部が「加茂堤《かもづつみ》」である。「加茂堤」は、ともすれば軽く扱われる傾向があるが、『菅原』の全般に波及する事件の発端で、重要な場面だ。

春景色の野遠見《のどおみ》に御所車が止まっていて、梅の花が咲く堤のかたわらで、舎人《とねり》も牛も、うたた寝をしているというのどかな舞台面は、これから起こる悲劇など誰も想像できないだろう。

「加茂堤」を初めて見たのは、昭和二十八年(一九五三)九月の歌舞伎座で、この月は訥升《とっしょう》が八代目宗十郎を襲名し、その息子の源平(のちの九代目宗十郎)が訥升を継ぐという興行だった。八代目宗十郎が桜丸、新しい訥升が八重で、この紀伊国屋父子ののんびりとした性格や芸風が、いかにも「加茂堤」に似合っていた。

斎世《ときよ》親王は小柄な二代目又五郎、清貫《きよつら》は大柄の大阪福助(高砂屋)で、この大小の対比も面白かったのだが、特筆したいのは苅屋《かりや》姫《ひめ》を演じた芝雀(のちの四代目時蔵)の美しさで、お人形さんと見まがうばかりの美貌に息をのんだものだった。

桜丸夫婦の手引きで斎世親王と苅屋姫は御所車の中で逢瀬をとげるのだが、そのむつまじさに刺激された桜丸夫婦を演じる宗十郎・訥升父子が「もうたまらぬ」と抱き合うくだりは色っぽくユーモラスで、つい悲劇の発端であることを忘れさせるほどだった。

「車引《くるまびき》」は、単独でもたびたび上演されるから数えきれないほど見ているが、昭和二十八年十二月の明治座での菊五郎劇団が最初だった。二代目松緑の松王、彦三郎(十七代目羽左衛門)

の梅王、七代目梅幸の桜丸で、いずれもみずみずしい躍動を感じさせた。杉王を菊五郎劇団に加入したばかりの由次郎(現田之助)、時平は老齢の二代目権十郎だった。この権十郎はにがみ走ったいい男だったが、それから二年後に七十四歳で亡くなるのだから最晩年の時期だ。「車引」は、若手スターが勢いで見せるパターンと、幹部クラスが重厚に見せるパターンと二通りがある。

今の放送では考えられないことだが、昔はラジオでも盛んに舞台中継を放送していた。私の記録ノートによると、昭和三十三年十一月四日にNHKラジオ第二放送で夜九時から、子供歌舞伎の「車引」を放送している。配役は松王が染五郎(現二代目白鸚)、梅王は團子(現猿翁)、桜丸が萬之助(現吉右衛門)だった。これが三人ともセリフが見事で、解説の安藤鶴夫さんが「私は泣きました。よくやった。役者の血が通っている子供だなァと強く感じました」とアンツル節でほめちぎっている。

それにしても、歴史上の大人物菅原道真《みちざね》(芝居では菅丞相《かんしょうじょう》)という人は、まったく運の悪い人だ。並々ならぬ学問の才能を持ち、五十五歳の時、天皇から「右大臣に任命する」という大抜擢を受けたが、同時に藤原時平《ときひら》(芝居では「しへい」)という二十九歳の新鋭が「左大臣」になったところが不運のはじまりだった。

つまり、道真はまじめ一方の学者だから、政争に長《た》けた時平には、とてもかなわない。おまけに藤原氏が急速に力をつけて政治の権力を独占しつつある時だから、右大臣の道真を蹴落とすぐらいは簡単だったと思われる。

とどのつまり時平は、いろんな因縁をつけて道真を九州の大宰府に左遷させるという結果になってしまった。この実説に、梅王丸・松王丸・桜丸の三兄弟の忠義をからませて芝居に仕立てたのが『菅原伝授手習鑑』である。

この芝居のほとんどは京都を舞台に展開する。「京によきもの三つ、女子、加茂川の水、寺社」と、よく言うが、加茂川堤ののどかな春景色を背景に、色模様や立廻りをたっぷりと見せるのが「加茂堤」だ。

「加茂堤」は、菅丞相の養女苅屋姫と、醍醐天皇の弟斎世親王の、二人のデートを桜丸夫婦が取り持って、加茂堤に止めている御所車の中で想いをとげさせてやる場面。でも、菅丞相を追い落とす時平一味の計略に油をそそぐことになってしまう。桜丸は、三段目で腹を切って責任をとることになる。

「色恋の忠義が損の八重桜」

「車引」の舞台となっている京都の「吉田神社」は、現在の京都大学の東側に位置する「吉田山」の中腹にある。『徒然草』の作者吉田兼好(兼好法師)はこの神社の神官の家に生れている。

私が初めてこの神社の前に立った時、「車引」の舞台のイメージにあまりにもそっくりだったため、あッと声をあげたほどだった。

梅王丸と桜丸は菅丞相に忠義をつくしているのに、なぜか松王丸だけは藤原時平方となっていて、兄弟が激しく争うのが「車引」だ。この三十分足らずの舞台の中に、歌舞伎の様式美、色彩美、音楽美のすべてがこめられているのに、私はいつも感動する。歌舞伎の魅力にはいろんな要素があるが、この「車引」の一幕には、歌舞伎が長年にわたって洗い上げてきた伝統の美しさが、集約されていると思う。梅王丸、松王丸、桜丸が、「白地に紫の童子《どうじ》格子《ごうし》」という揃いの衣裳で、三人三様の美しい見得を見せるだけでも「これぞ歌舞伎!」と叫びたくなる。

にくい時平が吉田神社に参詣にやってくるとの情報を得た梅王丸が、勇み立って花道を毬のようにはずんで〝飛六方〟で飛んでいく姿に、客席から大きな拍手が送られるのは当然だ。この明治時代の句が、いい気分にさせてくれる。

「飛梅やひいきの中を一文字」

「寺子屋」は、京都市の北、貴船神社から更に北西八キロ、山間《やまあい》の「芹生《せりょう》の里」が舞台である。そこに武部源蔵が寺子屋を開きつつ、菅丞相の一子菅秀才《かんしゅうさい》をかくまっているという設定もふまえておきたい。

私はまだ芹生へ行ったことはないが、土地の人にとって「寺子屋」は現実味をおびて受けとめられているようで、「寺子屋橋」とか「武部源蔵の屋敷跡」もあると聞いている。『菅原』は、『忠臣蔵』や『千本桜』と共に〝三大名作〟と言われていて、その中の「寺子屋」は『勧進帳』と並ぶ人気狂言だ。敵方とばかり思っていた松王丸が、自分の子小太郎を若君の身代わりにする悲愴感は肺腑をえぐり、冒頭の「一字千金、二千金……」から最後の「いろは送り」まで、緊張がみなぎる。源蔵が戸口から松王が投げ入れた短冊を読み、「梅は飛び桜は枯るる世の中に」というと、松王が「何とて松のつれなかるらん」と続けるが、このセリフをもじった川柳に、こんなのがある。

「つれないも枯るるも飛ぶも忠義なり」

梅王丸、松王丸、桜丸の三人は、この四段目の「寺子屋」で、揃って忠義を全うできるのである。

(『四国こんぴら歌舞伎大芝居筋書』二〇一四年四月)

『魚屋宗五郎』のおはまと宗五郎

七代目梅幸の芸域はとても広かった。

所作事の『藤娘《ふじむすめ》』、そして『野崎村《のざきむら》』のお光が、まず目に浮かんでくる。それから、立役の『勧進帳《かんじんちょう》』義経、『仮名手本忠臣蔵《かなでほんちゅうしんぐら》』判官には品格があり素晴らしかった。しかし、梅幸の〝自然体の芸〟をひとつ挙げるとすれば、やっぱり『魚屋宗五郎《さかなやそうごろう》』の世話女房おはまを私は推す。

おはまは難しい役である。その難しさというのは、いかに段取りよく自然の流れで宗五郎の酔いを進めていくかだ。つまり、禁酒の宗五郎が妹の死の悲しみをまぎらすため、禁を破って飲み始めるのだが、おはまは「やめて、やめて」と言いながら、細やかな「手順」「セリフ」「マ」によって宗五郎を酔わせる役目を一身に背負っている。とにかく宗五郎が酔わなければ、この『魚屋宗五郎』という芝居は成立しないのだ。

酒樽から片口へ移す時の酒の量や、宗五郎の手にする茶碗につぐ分量、その時の片口の傾け方など、梅幸の神経はとぎすまされていた。さらに、〝捨てゼリフ〟が難しい。世話女房は捨てゼリフがうまくできれば一人前だ。

昭和二十八年(一九五三)十月、二代目松緑の宗五郎、三吉は光伸(九代目三津五郎)、親父太兵衛が二代目権十郎、おなぎは福助(七代目芝翫)で演じた歌舞伎座が、梅幸のおはまとの出会いだった。まるで水が流れるような自然体に見え、あざやかなコンビネーションで禁酒の宗五郎を酒乱にさせていった。

このおはま役は、名優の多賀之丞に教わったものだが、多賀之丞は「六代目(菊五郎)相手におはまをやると、二貫目(七・五キロ)は痩せたものさ」と、その神経の使い方の激しさを振り返ったという。

梅幸は声がよかった。歌右衛門は「梅幸さんは声がよろしいからうらやましい」と、いつも言っていたほどで、どんな役でも自然な地声の高低強弱で通ってしまった。おはまも、温かい声音で子どもをあやすように宗五郎を説得し、ただ一回、「もう私にはつがれないよ」と拒絶するところだけは語調を強めた。

こうした細やかな「神経」と、寸分たがわぬ「マ」や「手順」を守ってこそ、はじめて『魚屋宗五郎』は成立するのだろう。

梅幸の普段は、ジャズを好み、カラオケもやる気さくな人柄で、明るくおっとりとしたモダンなタイプだったが、江戸下町の世話女房をやる時は、実にまめまめしく、てきぱきと動き回った。その動きはすべて自然に見えた。

芝居の自然体は、自然に見える「技」と「人間性」の合体だということを、梅幸のおはまから学んだ。


二代目松緑は、梅幸のおはまと名コンビで宗五郎を演じ、『魚屋宗五郎』という芝居を面白く楽しく見せてくれたことは、いま思うと「贅沢だったなァ」と有難涙だが、この音羽屋の当り狂言は、おとろえなかった。松緑が平成元年（一九八九）に亡くなり、そのあとを追うように平成七年に梅幸はこの世を去ったものの、『魚屋宗五郎』は、いま、梅幸の息子七代目菊五郎が立派に継いでいる。歌舞伎の伝承の力だ。菊五郎は、父親のおはまをしっかり見ていただけに、自信をもって宗五郎を演じ、当代一の当り役になっている。

近松の「虚実皮膜論《きょじつひまくろん》」ではないが、歌舞伎の世話物は、「虚」と「実」の皮一枚で演じてほしい。それには「らしい」という言葉が適当かもしれない。人物を演じる時に「その人物らしい演じ方」が必要かと思う。

七代目菊五郎の宗五郎は、江戸下町の魚屋らしいのである。江戸時代、日本橋の魚河岸《うおがし》で働く江戸ッ子の俠気ある粋な若者は「イナセ」と呼ばれた。〝いさみ肌〟というのか。山手では見られない気質が通り相場となっていた。

菊五郎は、その数少なくなってしまったイナセな男っぽさのある役者だ。だから、梅幸のおはまのような自然体で宗五郎を演じることができるのだ。菊五郎のさっぱりとした人間性が〝江戸ッ子らしさ〟を生むのである。ニンとして一番ふさわしい。だからこそ菊五郎の宗五郎は最高のヒットとなっている。しかも自分のニンに溺《おぼ》れることなく、酔う前の前半部分を丁寧に演じているのがいい。

菊五郎は、祖父六代目菊五郎の立役系統と父親梅幸の女形としての役どころを、ほとんどすべて受け継ぎ、松羽目物の舞踊劇から立女形の「政岡《まさおか》」「玉手《たまて》御前《ごぜん》」に至るまで、奮闘努力してきたが、やっぱり私の好みとしては、この魚屋宗五郎が大好きで、このあと今の菊之助も父親の芸を追い求めるはずである。

（『演劇界』演劇出版社、二〇一五年四月号）

『野崎村』大根と奴凧

人間、歳をとると、同じ芝居でも、視点や感じ方が変わってくるものだ。一例を『野崎村』にとろう。

『野崎村』の百姓久作には二人の子供がいる。一人は久松だ。元は武家の子息だったが、家が没落したため、久作の妹が乳母をしていた関係で養子となった。もう一人はお光、久作の女房の連れ子である。つまり、お光と久松は戸籍上は兄妹でも、血のつながりはないのだ。

久作は、いつしか養ってきた二人を夫婦にして自分のそばに置き、のんびりと野崎村で暮らすことを夢見るようになった。

やがて、この久作の夢が実現する祝言の日となった。お光はいそいそと台所仕事の「なます」づくりをしている。

大根の切り方には二通りある。一つは、五センチほどに輪切りにしたものを短冊型に切ってから、繊維に沿って細かく刻むやり方。もう一つは、ハムのように薄切りにしてから、それを何枚か重ねて千切りにする方法だ。お光はどう切っているのだろうか。

このお光が大根を切るくだりでは、役者によっていろいろな型がある。昔の女性の習慣として、人妻になったときは眉を剃るが、お光は「自分も眉を落としたらどんな顔になるかしら」と、切ったばかりの短冊型の大根を眉毛の上に当てて、大いに照れる型。また、懐紙で眉をかくす型。更に、右手の包丁を手鏡と間違えて頭のうしろにかざす型などさまざまだから、よく見ていてほしい。

それはさておき、お光が大根を「トン、トン、トン、トン」と刻む音は、彼女のうれしさにはずむ胸の内のように聞こえ、いじらしい娘心を表現するのにぴったりはまっている。歌舞伎の智恵に、いつも感心させられる。

しかし、その直後、お光の喜びは吹き飛ぶ。久松が奉公していた大坂東横堀の油屋の娘お染が、突然、野崎村に現れたのだ。実は、お光の夫となるはずの久松は、このお染とぬきさしならぬ恋仲に落ち入っていたのだった。

お光は田舎娘。お染は町娘。久松という一人の男をめぐって対立の火花が散る。そして結果は……お染の理屈ぬきの「本能」の激しさに、お光の「理性」は撤退を余儀なくされ、尼となって久松をお染に託す。この時点で、『野崎村』という芝居の悲しみは頂点に達する。

悲しみを表現する歌舞伎の演出方法は様々あるが、ごく個人的な私の泣きどころを申し上げる。それは、久作の家の場面から舞台が廻り、裏手の川沿いの土手の景色の中に登場する奴凧《やっこだこ》だ。梅の木が一本立っていて、その梅の木の梢あたりに奴凧がひっかかっている。糸が切れて、どこから飛んできたのか、奴凧が、なんとも言えぬ「あわれ」を誘う。

久松を思い切らなければならなかったお光の心は、それまで幸せいっぱいの風をうけて大空に舞い上がっていた奴凧が、突然、糸(意図)が切れて落下したようなものだ。あの凧は、この先、どういう運命をたどるだろうか。お光が可哀そうでならない。

しかし、もっと可哀そうなのは、年老いた百姓の久作である。自分が手塩にかけて育ててきた久松とお光を夫婦にして自分の手元に置き、余生を静かに楽しく暮らそうとした夢は、みごとに断ち切られてしまったのだ。そんな久作の胸の内は、長年の夢の糸が切れてフワフワと浮遊する奴凧そっくりで、たまらなく悲しい。

お染が舟で、久松が駕籠で、おなじみの太棹の連れ弾きにのって去っていったあと、それまで張りつめていたお光が力尽きて「父《とと》さん!」と叫び久作にすがりつく、それを久作がしっかりと支え抱きしめる。その『野崎村』の幕切れに誰もが泣かされる。

お光もたしかにあわれだが、だんだん自分が歳をとると、久作はもっと可哀そうに思える。

久作の悲しみが手にとるようにわかり、武張った奴凧の、かろうじて梅の木にひっかかっているさまが久作の心と重なり、一層のあわれに感じられるのだ。

（『松竹大歌舞伎筋書』二〇一三年度）

『鈴ヶ森』の智恵

歌舞伎座で芝居を観たあと、タクシーにのり自宅への道順を説明する時、「東銀座から高速に入って鈴ヶ森を出て下さい」と言うのが、私の口ぐせになっている。首都高速「鈴ヶ森」ランプの出口は江戸時代の鈴ヶ森刑場跡で、いつも鈴ヶ森のお世話になっているわけだが、幸か不幸か、恐い役人や雲助たちには出会わない。

京浜急行「立会川駅《たちあいがわ》」から南へ五百メートル。かつて、このあたりは海辺だった。その砂浜に慶安四年(一六五一)から明治三年(一八七〇)に廃止になるまで鈴ヶ森刑場があったのだ。現在は、東隣りが大井競馬場で、のどかなものである。

実説の平井《ひらい》権八《ごんぱち》は、吉原の遊女との遊興費に困って辻斬《つじぎ》り強盗を働いたらしく、十両盗めば死罪という時代だから、当然、鈴ヶ森で磔《はりつけ》の刑になった。この「平井」が「白井」となって歌舞伎の『鈴ヶ森』の舞台に登場するわけである。
一方、幡随院長兵衛は、江戸一番の侠客といわれている。以前、芝居に登場する長兵衛は、「バンズイン」の「イン」を取って「バンズイ」と呼ぶのが決まりだったが、昨今は乱れているようだ。この長兵衛が、鈴ヶ森で権八と出会い、

「お若ぇの、お待ちなせぇやし」

と呼び止めるのはおなじみだが、役者にとっては大役である。片や、十分に貫目《かんめ》の備わった座頭格《ざがしらかく》の役者。こなたは、やわらかで美しい色若衆役《いろわかしゅやく》の対決だから面白い。歌舞伎ファンには最高の〝ごちそう〟で、演じる役者によって味わいも違うという楽しみもあるのだ。『鈴ヶ森』は「歌舞伎は、役者を見る芝居」ということを、ことさら強く感じさせる。

長兵衛のセリフ「阿波座烏《あわざがらす》は浪花潟《なにわがた》、藪鶯《やぶうぐいす》は京育ち、吉原雀《よしわらすずめ》を羽《は》交《が》いにつけ、江戸で男と立てられた、男の中の男一匹」は、よく声色《こわいろ》に使われたものだった。阿波座（地名）あたりの鳥で大阪、藪鶯は京都、吉原雀で江戸と、「からす」「うぐいす」「すずめ」で三都を表現しているのがしゃれている。そこへ「雉子《きじ》も鳴かずば討たれまいに」と権八のセリフ「きじ」が加わり、しかも権八の衣裳の色はひわ色、つまり「ひわ」はスズメ目アトリ科の小鳥だから、まさに「鳥オンパレード」。こんなところにも芝居の智恵が隠れている。

『鈴ヶ森』で雲助たちが見せる立廻りも実に愉快で、大体の「型」が定着している。お面《めん》を

かぶっていて、権八に切られた拍子に面が割れて血染めになる。腕や足を切られた時におかしみを見せる「腕切り」や「足切り」。権八の胸倉をつかんだ雲助が「しめた、しめた……しめられた」とオチのつく型。飛脚と重量級の雲助二人で見せる「三すくみ」など、おんぼろ衣裳の雲助に、ここを先途と活躍させる智恵もある。

このほか、権八が刀《かたな》の刃《は》こぼれを提灯《ちょうちん》の光《あかり》で調べる時の「チチチチ」という〝忍《しの》び三重《さんじゅう》〟の三味線や、舞台中央の「南無妙法蓮華経」の大きな石塔、幕切れに黒幕を切って落す明暗の手法など、『鈴ヶ森』の一幕《ひとまく》には歌舞伎の智恵がいっぱい詰まっており、世話物の様式美が存分に味わえること必定。

「座頭役者」「若衆役者」「名セリフ」「立廻り」「下座音楽」「色彩感覚」「ユーモア」など、歌舞伎の要素がこの一幕にぎっしり詰まっているので見逃せない。

（『歌舞伎座筋書』二〇一三年六月）

相撲の芝居

相撲の起源についてはさだかではないが、正確にはわからない。百済《くだら》からの使者をもてなすため兵士にやらせたとか、当麻蹶速《たいまのけはや》と野見宿禰《のみのすくね》が本邦初の相撲をとったとか、諸説ふんぷんである。

そのあと、どうなっていくかというと、諸国で力士を募集するよう勅命がくだり、やがて天覧相撲が聖武天皇の天平六年(七三四)七月七日に開催され、これをきっかけに「相撲節会《すまいのせちえ》」と呼ばれる行事に発展していく。

鎌倉時代になると、相撲を題材にした能・狂言が民間で行われ、安土桃山時代の信長や秀吉は大々的な上覧相撲を催しているが、いわゆる興行的な「勧進相撲」の記録は江戸初期の正保二年(一六四五)、京都下鴨神社が最初である。

その後、相撲は京・大坂で次第に見世物的なかたちをととのえていく。浪人や侠客が興行や勝負にからんで、いくたびか禁止令が出たりもしているが、江戸初期の相撲の中心はあくまでも上方であった。

歌舞伎と相撲といえばすぐ浮ぶ『双蝶々曲輪日記《ふたつちょうちょうくるわにっき》』とか『関取千両幟《せきとりせんりょうのぼり》』の背景は、まさにそういう時代であった。

享保年間(一七一六―一七三六)に、長五郎という相撲好きの若者がいた。やがて相撲取りの養子となって荒石長五郎と名乗るが、この長五郎は血気盛んで喧嘩が大好き。刃物三昧に明け暮れていたが、なかなか用心深く、濡れた紙は刃物を通さないことを知っていて、いつも、紙を水に浸し、それを額にあてて喧嘩をしていたので、人々は、

「ぬれ紙、ぬれ紙」

と、長五郎を呼んだという。その長五郎が、大坂難波裏で侍を殺し、親のいる八幡《やわた》に身をひそめたが、とうとう捕えられる。これが濡髪長五郎のモデルらしい。

一方、大坂大宝寺町の米屋の養子放駒長吉《はなれごまちょうきち》は、家業を放ったらかして侠客仲間とつきあい、とかく、人々の噂になる人物だった。

この二人の実在の男を芝居に仕組んだのが『昔米万石通《むかしごめまんごくどおし》』(享保十年、豊竹座初演)である。そして、これが、『双蝶々』の先行作品ではないかと言われている。いずれにしても〝大坂の相撲〟の中で芝居がつくられていることに注目したい。

江戸の相撲が本所回向院《えこういん》境内で隆盛をきわめるようになったのは、寛政三年(一七九一)の上覧相撲が大きなきっかけで、その中心的な役割を果したのが、谷風、小野川、雷電というスーパースターであった。なにしろ谷風にいたっては、小野川に敗れるまで五年間負け知らずというのだから、ものすごい。

これより少し先、明和年間(一七六四—一七七二)に、稲川という江戸の人気力士がいた。稲川は、大坂の南堀江の勧進相撲で、大坂の人気力士鉄ヶ嶽(実説では「千田川」)と取組むことになった。鉄ヶ嶽は大名のお抱《かか》え力士だったので、もし負けては屋敷の恥になると考え、あれこれ作戦を練ったが相手の稲川は強そうだ。ところが稲川は浪費ぐせがあり、遊びも派手で借金が多い。これに目をつけた鉄ヶ嶽は、稲川の借金をすべて引受けるから勝負に負けてくれと、八百長相撲を持ちかける。稲川はさして気にすることもなく承諾する。

ところが、いざ土俵での勝負になると、江戸と大坂の東西対決とあって、観客が熱狂し、

「鉄ヶ嶽! 稲川!」

と、声をかぎりに応援する。稲川はすっかり興奮して、事前の約束も忘れ、金剛力をふりしぼって鉄ヶ嶽を土俵の外にほうり出してしまった。

鉄ヶ嶽は面目を失い、屋敷の大名は恥をかき、江戸の力士は強いが約束を守らぬとはひどいではないかと、妙な理屈で世間に言いふらした。これが江戸方に聞え、たかが金銭のために江

戸力士の名を汚してはと、稲川は直ちに三百両の金を持って大坂へ行き、借金をすべて納めて和解したという。

近松半二らの作『関取千両幟』（明和四年、竹本座初演）は、この話にもとづいているが、これだけでは面白くならないので、三百両を千両にカサあげし、それに女もからめて、芝居に仕立てたのである。

だから『双蝶々』が大坂の相撲どうしの勝負だったのに対し、『千両幟』は東西対決という、当時の相撲の時代背景がくっきりと感じられる作品に仕上がっている。

この二つの作品は人形芝居として初演され、のちに歌舞伎に取り込んだものだが、同じ相撲を題材にしても、江戸ッ子好みのすっきりした世話物が、歌舞伎オリジナルで上演されるようになる。

『神明恵和合取組《かみのめぐみわごうのとりくみ》』いわゆる〝め組の喧嘩〟は、相撲と鳶の対立をえがいた芝居だ。

一方は、「一年を二十日で暮らすいい男」と川柳でよまれるほど人気のある相撲。しかも、大名に抱えられ養われているから、権力を笠に着ていばり散らす。もう一方は、江戸八百八町を守る町火消。いろは四十八組の中でも芝神明や浜松町あたりを持ち場にする鳶の組合「め組」だから、キップのいいことおびただしい。

そればかりではない。相撲には地方出身者が多いのに対して、鳶の者はチャキチャキの江戸ッ子で、つまり、「田舎」対「都会」という図式でもある。

その代表者が、相撲の四ツ車大八と、め組の辰五郎で、激しい達引《たてひき》を展開するが、作者の竹《たけ》柴其水《しばきすい》は両者の顔を立てて、あえて勝負の決着はつけず、「和合取組《わごうのとりくみ》」とするのである。

この芝居のラストは、相撲と鳶の大乱闘の中へ、焚出しの喜三郎が割って入って仲裁するが、かつて、六代目菊五郎が喜三郎をつとめたとき見物していたのが取的《とりてき》時代の春日野親方(横綱栃錦)であった。

このことは、春日野親方が亡くなる少し前に、春日野さんから直接うかがったのだが、その六代目の演じた喜三郎について、こう言われた。

「六代目という役者はすごいと思ったね。とにかく梯子の上に登ってその梯子を倒し、相撲と鳶の大乱闘の中へ舞い降りるんだよ。その時の身のこなしのよさ、足腰の強さは、われわれ相撲できたえた者より上だという感じがしたもの」

さすが春日野親方は眼が高い。そして、相撲の社会にありながら、時には歌舞伎見物もして、ちがう職業の名人からちゃんと刺激を得て、自分の糧《かて》とするあたり、「名人は名人を知る」という言葉通りのいい話である。

春日野親方は名横綱栃錦として角界に不滅の名を残したが、横綱・大関を志しても取的のまま終ってしまう人は多い。そんな人のために作られたというわけではないが、相撲の芝居でもう一つ忘れてはならないのが、長谷川伸の名作『一本刀土俵入《いっぽんがたなどひょういり》』である。取手の宿をトボトボと行く駒形茂兵衛。空腹のため行き悩む茂兵衛をあわれにおもい、なけなしの金品を恵んでやる宿場女郎のお蔦。不運な者どうしに通い合う心と心が解けあって、その人情の美しさに観客は涙をしぼる。

「姐《ねえ》さん、わし出世して三段目になっても、二段目になっても、幕へはいろうが、三役になろうが、横綱を張るまでは、いかなことがあっても駒形茂兵衛で押通します」

そう誓った茂兵衛だったが、行きつく先はヤクザ者。しかしお蔦の難儀を救う機会が十年後に偶然めぐってくる。

お蔦夫婦に襲いかかる渡世人たちを残らずたたきのめし、一家を逃してやったあと茂兵衛は、桜吹雪の中に立ちつくす。

「お蔦さん、十年前に、櫛《くし》、簪《かんざし》、巾着《きんちゃく》ぐるみ意見をもらった姐さんに、せめて見てもらう駒形の、しがねえ姿の、横綱の土俵入でござんす」

この『一本刀土俵入』は、昭和六年(一九三一)五月に『中央公論』に発表されてからすぐ、東京劇場で六代目菊五郎によって上演されている。

私は学生時代から、松緑や勘三郎、翫右衛門や島田正吾で、何度も何度もこの芝居を見た。今でも酔うとすぐ茂兵衛のセリフが口をついて出てしまう。

美しい大銀杏《おおいちょう》の横綱は、歌舞伎の錦絵に似合い、力がこもる。しかし、『一本刀』のような取的の茂兵衛でも芝居にしてしまう演劇の智恵も、また金剛力である。

股旅物と『瞼の母』

芝居に「股旅物《またたびもの》」というジャンルがある。股旅物といえば『瞼《まぶた》の母』『一本刀土俵入』『沓掛《くつかけ》時次郎』という題名が浮かぶ。すべて長谷川伸の作品である。

昭和四年(一九二九)の五月に、本郷座と浪花座で『股旅草鞋《またたびわらじ》』という長谷川伸の作品が競演されたが、この戯曲から〝マタタビモノ〟という言葉が生まれたようだ。それも長谷川伸が言い出したのではなく『サンデー毎日』の編集者だった石割《いしわり》松太郎がつくったと、長谷川が書いているから間違いないだろう。

「旅から旅を股にかけ」というのが「股旅」の語源で『股旅草鞋』の主役免鳥《めんどり》の富五郎という旅人のセリフに「股旅かけた草鞋を棄《す》て」とか「股旅者の富五郎が」とかあるのが、おそらくはじまりではないか。

長谷川伸は、明治十七年（一八八四）に横浜の日ノ出町で生まれたが、父親の寅之助が放蕩者だったため、母親のかうは、長谷川伸と兄の日出太郎を残したまま長谷川家を去った。伸が三歳の時である。

それ以来、伸には苦難がつきまとう。やがて父親にも死別して一人になった伸は、少年時代、品川遊郭で台屋（妓楼専門の料理の仕出し屋）に奉公する。この働き者の少年を、ある妓楼の遊女がとても可愛がってくれて、菓子をくれたり、小遣い銭を握らせたりした。

この遊女の情けを、長谷川伸は忘れず『一本刀土俵入』の我孫子《あびこ》屋のお蔦という酌婦に仕立て、貧しい取的《とりてき》の茂兵衛に櫛《くし》・簪《かんざし》・巾着《きんちゃく》を与えている。

長谷川伸の母親への想いは、特別のものがあったであろう。『瞼の母』は、まさにその長谷川伸の気持をそのまま芝居にぶつけたような作品だ。

番場の忠太郎が、たずねたずねてようやく探しあてた母親は「水熊」という大きな料亭のお内儀《かみ》におさまっていた。

忠太郎は母のおはまに会って名のるのだが、おはまは、ヤクザ者の忠太郎に平穏な生活を乱されるのをおそれ、追い返そうとする。そして「親をたずねるのなら、なぜ堅気《かたぎ》になっていないのだえ」と、おはまが言う。忠太郎はこう切り返す。

「おかみさん、そのお指図《さしず》は辞退すらあ。親に放れた小僧っ子がグレたを叱るは少し無理。

堅気になるのは遅蒔《おそまき》でござんす」「何の今更堅気になれよう。よし堅気で辛抱したとて、喜んでくれる人でもあることか、裸一貫たった一人じゃござんせんか。ハハハハ、儘《まま》よ、身の置きどころは六十余州の、どこといって決まりのねえ空の下を飛んで歩く旅人に逆戻り、股旅草鞋を直ぐにもはこうか」

長谷川伸自身が、ともすれば足を踏みはずしそうな危い人生をたどってきたことを考えると き、この忠太郎のセリフは、より強く私の胸を打つ。

島田正吾が『瞼の母』を上演したとき、桟敷《さじき》席で自分の書いた芝居を見ていた長谷川伸が、この場面で何度も豆しぼりの手拭いで涙をぬぐっているのを舞台から見て、島田は、セリフを絶句しそうになったと語っているが、さこそとうなずける。

昭和八年二月十二日、長谷川伸は四十七年ぶりに、片時も忘れることのなかった生母のかうとの邂逅《かいこう》を得た。かうの再婚先の三谷《みたに》家では、ラジオや雑誌にこのところ頻繁に出る、〝長谷川伸〟という作家は、かうの実子ではないかと感づいていたが、仲を取り持つ人がいて、長谷川伸へ手紙を出したのがきっかけだった。

長谷川伸には、忠太郎の二の舞は演じたくないという想いと、あの『瞼の母』の名セリフ「上下の瞼を合わせ、じいっと考えてりゃあ、逢わねえ昔のおッかさんの俤《おもかげ》が出てくるんだ。——それでいいんだ。逢いたくなったら、俺ぁ、眼をつぶろう」という慰めの気持もあったであろう。しかし、遂に会う決心をする。
かうは、その日「長谷川」という来客があるとだけ聞かされていたので、玄関にあらわれた息子を迎えても、まったくそれと気付かなかったらしい。書斎で紹介された母と子は、互いに手をとりあって、低い声で二声三声ことばを交わしただけだったと、立ち会った父親ちがいの弟が、その時の様子を語っているが、日が暮れてみんなですき焼きをつつくころには、すっかり打ちとけ、伸は時のたつのも忘れて話し続けたという。

昭和八年、私の生まれるほんの少し前、東京ではこんな劇的な再会があったのだった。

番場の忠太郎は、母親に幻滅し、再び股旅街道を歩き出すが、忠太郎を殺して「水熊」を乗っ取ろうとする金五郎が後ろから切りつける。その腕を押さえた忠太郎。

「てめぇ、親は?」

「何だと、親だと、そんなものがあるもんかい」

「子は?」

「ねえ」

こう確かめてから、一刀のもとに斬り倒す。

長谷川伸の股旅物は、すべて、どこかに「情け」のかくし味がある。

（NHKメンバーズクラブ『遊&知』）

「怪談物」お化けの正体

「お化け」の芝居は、なぜか夏場に限って多くなる。

「お化け」がドテラを着て出てくることはない。ほっそりとした薄着が似合う。

怪談や「お化け」がなぜ夏の季節に合うのかを科学的に分析したことがある。NHKアナウンサーの現役時代、科学番組『ウルトラアイ』で取り上げた。それでわかったことだが、人間には〝こわいもの見たさ〟という心理が誰にもある。こわいものを見るとゾォーっと身がちぢむ。その時の血管の状態を見ると必ず収縮しているのだ。つまり、夏は暑い、だから涼を求める、こわいものを見てゾォーっとする、血管がちぢむ、体温が下がる……これが、「お化け」は夏に出るほうが効果的だという論法なのである。

夏の夜、なまぬるい風がどこからともなく吹いてきて、ゴーンとお寺の鐘が鳴ると、「ヒュ

〜〜〜〜ドロドロ〳〵」とお化けの登場だ。この登場音楽は日本の場合かならず、「ヒュ〜〜〜〜」という笛の音に、「ドロドロ」という太鼓で表現される。これはいったいなぜなのか。よく分析すると、それなりの理由がみつかった。「ヒュ〜〜〜〜」というのは破れ障子を風が吹き抜けるときに鳴らす音で、「ドロドロ」は、夏の夜に発生する蚊柱に関係する。蚊柱というのは蚊の集団が柱のようなタテ型となって移動する状態で、それが障子紙などをこする音に「ドロドロ」がよく似ている。昔の人はそんな自然の現象を「お化け」に結びつけて、みごとな効果音を考え出したのだった。

ところで、青白い光を放って中空を流れる薄気味わるいヒトダマのような火の玉を見た人はいっぱいいる。これについても、『ウルトラアイ』が解明した。

昭和五十六年(一九八一)の夏だったと思うが、「本田技研工業」の本田宗一郎さんを中心とする〝ヒトダマ研究グループ〟が、ヒトダマを人間の力で作り出す実験を公開するという情報を『ウルトラアイ』がつかんだ。そこで特別参加を願い出て、埼玉県の川島町にある本田航空の飛行場で行われた奇妙な実験を撮影することができた。

今は亡き本田宗一郎さんが、私に、

「未知への挑戦はロマンです。自分で考え、わからないことは納得がゆくまで自分で解明しなければ気がすまないというのが僕のくせでしてねぇ」

と、にこやかに話してくれたのを思い出す。ホンダの研究チームが行きついたヒトダマの原理はこうだ。夏の夕暮れの無風状態のときは、地表の温度が高く、中空の温度が低くなることがままあり、温度が高い空気は上がろうとし低い空気は下がろうとすることから、その間《あいだ》に「逆転層」という層が生まれる。その層にメタンガスを横にただよわせて火をつければヒトダマが現れる、というのだ。

その通りだった。研究チームの執念は実り、実験は成功した。昔の人が墓場などで見たヒトダマの正体は、逆転層にただようメタンガスに、なにか燐のようなものが引火したものだったのだろう。

こうして、「お化け」を構成する素材は、大まかな部分で科学的に解明されたが、そんなことで引き下がる「お化け」ではない。そこが恐ろしいのだ。そして、最後に残るのは人間の心の問題、「オソレ」と「タタリ」だ。誰でも悪いことをすると不安になり、そのシッペ返しがこわくなる。タタリは、「神がそこにお立ちになる」ということで、「タタル」は「タツ」の敬語である。

平安時代に、藤原時平が菅原道真を大宰府に流して非業の死を遂げさせたが、その後、藤原氏には悪いことばかり続き、これは菅原道真のタタリだとおののいて祀《まつ》ったのが天満宮なのだ。また、曽我兄弟の仇討のあと、五郎を頼朝が処刑したのがタタったのか、鎌倉幕府は滅亡した。

江戸時代の人は「五郎」と「御霊」をひっかけ、頼朝を悪、五郎を善、ときめつけて、〝五郎信仰〟を生み出し、それを歌舞伎十八番などの芝居に仕組んでいった。おそらく、かつての日本人はみんな「オソレ」や「タタリ」が身にしみついていたのだと思う。

歌舞伎の「お化け」といえば、『四谷怪談』のお岩と『色彩間苅豆《いろもようちょっとかりまめ》』のかさね。この二人は〝お化けの女王〟だ。江戸時代は男尊女卑が徹底していたから、いつも女性は忍従を強いられ、それが嵩《こう》じて死に至ることもあった。お岩もかさねも男への強いうらみを抱いて死んでいった。男たちは一様に「オソレ」を感じ、「タタリ」をこわがったのだと思う。

「お化け」は、悪いことを一つもしていない人にはこわくない存在だ。しかし、そんな清廉潔白な人はほとんどいないだろう。悪事を働いたり、悪心をそっと自分の胸の中で押さえている人には、「お化け」は恐ろしい。それが「お化け」の正体なのだ。

(『遊歩人』文源庫、二〇〇六年八月号)

「襲名興行」の魔術

平成二十八年(二〇一六)三月、歌舞伎座での五代目雀右衛門襲名興行の初日、『鎌倉三代記《かまくらさんだいき》』の時姫を演じる新雀右衛門の出を、じっと待っていた。少し小柄な若女形の印象が強かった芝雀が父親の大きな名前を継ぐ。その瞬間の「出」に興奮は抑え切れなかった。

やがて正面の暖簾から姿を現した五代目雀右衛門に、まったく驚いた。芝雀のおぼこい印象が、襲名したとたん、こんなに変わるものなのか。これまで父上とは少し違う印象だった役者が、背丈まで伸びた感じの、堂々たる芸容を見せてくれたのである。

たった一日のことで、一人の役者の芸が上達するなど有り得ないが、これが〝襲名の魔術〟というものか。心構えが変わると姿かたちまで変わって見えてしまうのか。これまでの観劇七十年の間に、数々の襲名を見てきたが、そのたびに同じような感動を味わう。襲名というものが、かほどまでに歌舞伎役者に大きな刺激を与えるのかと、驚くほかはない。

歌舞伎は、恋のようなものだ。男女の恋だけの範疇《はんちゅう》にとどまらない。役者とひいきの恋でもあり、息子が父や祖父を慕う恋でもあり、名優にあこがれる恋でもある。

この恋は、ほとんどの場合、「襲名」によって成就できるのが歌舞伎である。世界中の演劇を見渡しても、こうしたことは日本の伝統芸能のほかに例はない。そして、歌舞伎の襲名が、それをもっとも派手に見せてくれる。今では、歌舞伎界にとってなくてはならない大イベントになった。

ある時、七代目菊五郎と十二代目團十郎がこんなことを話してくれたのを思い出す。

菊五郎「襲名によって役者が育つということも、歌舞伎興行の大事な演し物《だしもの》のひとつです」

團十郎「襲名というシステムの美点は、役者としての自覚をもつことと、それをまた活用しなくてはいけないところで、よくできた仕組みだと思います。私自身もひとつの節目として、團十郎を継いだ時は、やる気が起きました」

「菊五郎」「團十郎」という名前を、実際に「七代目」「十二代目」として継いだ二人の荷の重さは、いかばかりであったろうか。だからこそ、ファンにとっても襲名のいとおしさが、弥《いや》が上にもふくらんでいく。

襲名興行は、人気役者が一堂に集まって、非日常の豪華な顔合わせになることを、ファンはよく知っている。どんな演目が出るのか、その配役はどうなるのか、これも興味津々である。

しかし、なんといっても、襲名興行の目玉は『口上』だ。

めでたい祝幕が開くと、家紋をつけた彩り豊かな裃《かみしも》に威儀を正した幹部の役者が、ずらりと平伏している。この華やかな『口上』の一幕は、「これぞ歌舞伎!」とでも言いたいほどの様式美を見せてくれる。『口上』は、もはや立派な歌舞伎の代表的な一幕として定着した。

この『口上』では、襲名する役者の決意表明が厳粛になされるが、途中で少し雰囲気がやわらいだところでは、役者同士しか知らない楽屋ばなしが飛び出して、客席を笑いの渦に巻き込む場面もあり、ことのほか楽しい。

最後は、襲名する役者とその一門の繁栄を「隅から隅まで、ずいィーーと、乞い願い上げたてまつりまする」と、おごそかに締めくくる。

平成二十八年秋、十月と十一月は、橋之助が三人の息子と揃って襲名、それが話題をよんだ。おそらく前例のないことで、八代目芝翫、四代目橋之助、三代目福之助、四代目歌之助が同時に誕生した。

芝翫の五、六、七代目は女形だったが、四代目芝翫は立役で、明治の九代目團十郎や五代目菊五郎が一目置くような名優だったという。今度の新しい芝翫は純粋な立役だから、当然、四代目を目標とするだろう。十月は『熊谷陣屋《くまがいじんや》』、十一月は『盛綱陣屋《もりつなじんや》』を好演し、時代物の名作狂言にふさわしい立役の芸を、一段格上げして見せてくれた。このところ、現代人のテンポが早いせいか、どうも時代物が敬遠されがちだ。そんななかで八代目芝翫が、立派に時代物の面白さを証明してくれたことがうれしい。

その芝翫の息子たちも、『連獅子《れんじし》』で三人揃って仔獅子となり、親獅子の芝翫とともに、みごとな四人の『連獅子』を見せ、成駒屋の踊りの力強さを示してくれたのである。さらに、かつて成駒屋の〝生き字引〟だった脇役の「三代目梅花」の名前を、この襲名興行を機に、芝喜松が四代目として継いだのも忘れない。襲名興行はこうした一門のなかの喜びも大きい。

平成二十九年も、楽しい襲名披露のニュースが続々と届いた。

一月は市川右近改め三代目右團次、その息子が二代目右近となった。二代目右團次は昭和十一年(一九三六)に亡くなっているから、ほとんど知られていないが、大阪出身で踊りが達者で早替りやケレンを得意としたと聞く。新しい右團次も大阪生まれだから、上方の濃厚な味の芝居を父と子が血筋で見せてほしい。

二月は、勘九郎の長男七緒八《なおや》が三代目勘太郎、二男哲之《のりゆき》が二代目長三郎となって初舞台を踏んだ。かつての勘九郎・七之助兄弟そっくりに『門出二人桃太郎《かどんでふたりももたろう》』で登場する姿を、亡き曽祖父と祖父の勘三郎に見せてやりたいとしみじみ思った。これが、〝歌舞伎は恋〟の所以《ゆえん》である。

同じく平成二十九年の五月には、彦三郎が初代坂東楽善になった。懐かしく思い出すのは

『鏡獅子《かがみじし》』を七代目梅幸が踊る時、亀三郎時代の現楽善と現菊五郎の丑之助が、お神酒徳利で胡蝶を踊り、この小さな可愛《かわい》い二人の胡蝶に「丑ちゃん、亀ちゃん！」と声を掛けたことである。よき人柄を表す「楽善」は彦三郎にふさわしい。その長男の亀三郎は父の名を九代目として継ぎ、二男亀寿は三代目坂東亀蔵に、亀三郎の長男侑汰《ゆうた》が六代目亀三郎を襲名して初舞台とはめでたかった。彦三郎の家系は、朗々たる明解なセリフはいいが、少し押えたい。襲名は家の芸風も引き継ぐのか、代が変わっても芸風が似てくる。これも襲名のなせるわざだ。

菊之助の長男丑之助、寺島しのぶの息子眞秀《まほろ》、海老蔵の長男勸玄《かんげん》、みんな子役の名優だ。そして、みるみるうちに成長していく。

襲名興行は、役者にとって、必死に芸と取り組む覚悟の場であるのはもちろんだが、歌舞伎ファンにとっては、過去の〝名優恋し〟の思いを深めるチャンスで、一段とその夢がふくらむのが、「襲名」である。

（『演劇界』演劇出版社、二〇一七年二月号）

水もしたたる濡場『小猿七之助』

顔のシワや手足のヒビワレをとても気にする女性は多い。

そこで、必死の化粧作戦が展開されるわけだが、その場合、特別に高価な化粧水を使わなくても、水分を内面から与えつづけるのが一番効果的なのだ。年をとるにしたがってシワがふえるのは、身体の中の水分が不足して弾力がなくなりヒビワレ現象を起こすことにほかならない。

それは男性でも同じことだ。いい男というのは、少なくともパサパサに干《ひ》からびていてはいけない。しっとりとした男の雰囲気は、表情のうるおいであり、感性のみずみずしさから生まれる。

よく女性の美形を「小股がきれあがったいい女」と表現し、男性には「水もしたたるいい男」を使う。その解釈はさまざまあるが、「水もしたたる」というからには少なくとも若さが必要であり、みずみずしさが身体全体から発散していなければなるまい。それが最高の状態になると、みずみずしさの余滴がしたたり落ちるように感じられるという形容なのだろう。

ところで、歌舞伎には「濡《ぬ》れ事《ごと》」といって、色っぽいシーンの演出がある。もっともその濡れ事の前段には「色模様《いろもよう》」もあって、これは恋愛関係にある男女が軽い愛情表現をする場面をいうが、濡れ事はもう一段階きわどく、「色模様」がボクシングのジャブとすれば、「濡れ事」は決定的なカウンターパンチといえるだろう。

たとえば、『落人《おちうど》』と呼ばれるお軽・勘平の道行《みちゆき》は、二人が忍び逢いをしていたために、松の廊下の一大事に勘平がかけつけるのがおくれ、それを悩んで死のうとするのを、お軽が引留めて自分の在所にひとまず連れていく道中である。その中で清元の文句に「人目なければ寄り添うて言葉に色をや含むらん」とあり、まだ人目を気にしているふしがある。これなどは「色模様」の段階だ。

ところが、『小猿七之助(網模様燈籠菊桐《あみもようとうろうのきくきり》)』という芝居になると、もっとはるかにエスカレートした「濡れ場」である。かねてから奥女中の滝川に惚れていた中間《ちゅうげん》の七之助は、ある夜、滝川の供をして洲崎《すさき》の土手にさしかかるが折からの夕立の落雷で滝川が失神する。絶好のチャンスだ。七之助は口うつしで水を滝川に飲ませて蘇生させ、それから口説く。

「さあ、濡れぬ先こそ露をも厭《いと》え、もうこうなったら往生しねえ」

七之助は片肌をぬぎ、尻をまくってキッとなり、滝川の帯を解きにかかる。

「いくら泣いても喚《わめ》いても、町を離れた洲崎の土手、昼でもあるか更ける夜に、往来稀《まれ》な雨上り、湿り勝《が》ちなる汐風に、途切れた雲の星明り、微かに聞こえる弁天の、茶屋の端唄《はうた》や中木場《なかきば》の木遣《きや》りの声を寝耳に聞き、いなごやばったと割床《わりどこ》に、露のなさけの草枕、おぬしとしっぽり濡れる気だ」

ここは作者黙阿弥《もくあみ》の名調子だが、かくして滝川は七之助に川っぷちの番小屋で体を許してしまうのである。こういう場面は、明るくてカラカラの天気ではムードが出ない。どことなくセリフも暗く、じめじめと濡れていることが条件なのである。これは、あらゆる濡れ場にあてはまる。

とかく、芝居では「濡れる」ことが好きであった。『月形半平太』の「春雨じゃ濡れていこう」はその代表的なセリフだが、水分を求めるセリフは枚挙にいとまなく、『髪結新三《かみゆいしんざ》』では「濡れる心で帰るのを」、『籠釣瓶《かごつるべ》』では「秋の夜長を待ちかねて菊見がてらに廓《さと》の露、濡れてみたさに来てみれば」といった具合に、恋しい男女が会うときは、すべて濡れるのを前提にしていた。つまり、男にとっても、女にとっても、水分は不可欠のものだったというのが面白い。

とはいえ、芝居はウソを本当らしく見せる演技が勝負で、ましてや公衆の面前となれば演技にもおのずと限界がある。だから役者は、観客に思い込ませる技法が必要であった。

濡れ場を得意とする役者を〝濡事師《ぬれごとし》〟という。上方の和事師《わごとし》(江戸の荒事《あらごと》に対する上方のやわらかな演技術を得意とする役者)の中でも、特に官能的な芸を特色とする人が、別に濡事師と呼ばれたようだ。古くは坂田藤十郎・中村七三郎、近年では二世實川延若・七世澤村宗十郎らの芸風が、濡事師のふんいきであったらしい。

歌舞伎の観客は圧倒的に女性が多く、女性の官能をくすぐるように歌舞伎は仕立てられているふしがあり、こうした濡事師の役者たちは、まちがいなく人気を得たはずだ。私に「誰か一人〝水もしたたる〟ような美男で濡事師をあげよ」といわれれば、写真でしか見ていない十五代目市村羽左衛門をあげるだろう。ただ、ここで一つ迷うのは、男から見る目と女から見る目のちがいである。こんな男に、どうして女性は夢中になるのだろうかという場合が日常にもよくあるし、また、〝水もしたたるいい男〟が必ずしも〝濡事師〟とは限らないから難しいのだ。美男役者が、案外、舞台では淡白な演技だった例もある。

三味線に合わせて唄う時の調子で、「水調子《みずちょうし》」という言い方をする場合があるが、これは悪い例で、いわゆるキーが低すぎて面白くもなんともないという意味である。すべからく、引締っているのが美の条件で「水まし」はいけない。水は人間の身体に不可欠のものだから、常に人は水を求め、水によってうるおいを得る。好もしい役者も、常にみずみずしくうるおいがあるのは当然だが、このことを更に深めた人生の奥義《おうぎ》でいえば、表面的にきらびやかなものは美しくても飽きがくる。しかし、内面からにじみ出てうるおいのあるものは飽きがこない。いくら花が美しくても、人工的に生けた花はそれだけのものである。だが、夕立にしっとりと濡れた木々の緑は、それよりはるかに人の心をなごませるであろうことは容易に推察できる。

（『AQUA《アクア》』岩波映画・出版部、一九九七年秋号）

「義太夫狂言」糸にのる人、のせる人

昔のことを持ち出すのは御迷惑だろうが、かつては、歌舞伎舞台の「床《ゆか》」に座っている義太夫の太夫・三味線を、「竹本」ではなく「チョボ」と呼ぶのが普通だった。

この言葉に初めて出会ったのは、学生時代、昭和二十八年(一九五三)二月である。歌舞伎座の二月興行で『寺子屋《てらこや》』が上演され、この時の配役は、松王丸が初代吉右衛門、千代が六代目歌右衛門、源蔵夫婦は八代目幸四郎(初代白鸚)と四代目訥升(八代目宗十郎)という豪華な顔ぶれだった。

この『寺子屋』の最後は、若君菅秀才の身替りになった小太郎の死を悲しむ〝いろは送り〟で、竹本が大活躍する場面だ。「いろは書く子はあえなくも、散りぬる命、是非もなや」から「剣と死出の山けこえ……」と、最高潮に達する時に、大向うから、

「チョボ、チョーーボォ」

と、三味線のリズムに合わせるような声が掛かった。おそらく竹本の岡太夫がよかったので

「いいぞ、いいぞ！　もっとやれ、もっとやれ！」という応援だったのだろうが、この時に聞

いた竹本への掛声が、初めて聞いた「チョボ」という言葉で、今も耳にこびりついている。大向うの掛声まで三味線（糸）にのっていた。聞かせどころの太棹三味線は、まことに魅力的で、役者も躍動的に気持ちよく糸にのって演じるのが理想的だ。

竹本を使って歌舞伎を演じるやり方が、いつの頃から始まったのかは定かでないが、歌舞伎の人気が少し衰えかけた宝永年間（一七〇四―一七一一）あたりに、その回復策として、人形浄瑠璃で使われていた義太夫を取り入れ、役者と義太夫が合体するスタイルが生まれたらしい。とすれば、まさしく義太夫が歌舞伎のピンチを救ったことになる。こうした興行がつぎつぎに当たって、それ以後は、歌舞伎の、特に時代物の狂言には、必ず義太夫が使われるようになった。

かつての「チョボ」という呼び方は、床本に、義太夫が担当する箇所をわかりやすくするために、チョボチョボと点を打ったことから生まれたとの説が有力だ。昭和三十年頃に、文楽で本格的に修業した竹本鏡太夫が菊五郎劇団の専属になったので、話題を呼んだことがあった。その鏡太夫が冗談めかして、

「役者にとって重宝なことを語って助けるから、〝重宝語り〟がチョボの語源です」

と、座談会で笑わせている。

たしかに、竹本は重宝だ。役の名前を大声で「現れ出でたる〇〇」と語れば、主役が登場するし、場面の雰囲気、人物の性格や情、などを巧みに表現できるのだ。「竹本」と「役者」は、切っても切れないの関係であることは明白である。

しかし、その両者の合わせ方が問題だ。昔の芝居は、三味線に合わせる、つまり、糸にのって芝居をするのが本筋と考えられていた。竹本の三味線にのって役者が踊るようにリズミカルな身ぶりで演じると、芝居は盛りあがり面白くなる。役者の感覚と竹本の感覚が一致すれば問題ないが、ほんの少しでも「マ」にずれがあると、芝居は破綻するだろう。

役者が、竹本に「こうしてほしい」と注文しても、それができる人と、注文通りできない人がいる。それとは逆に、本格的な義太夫が一人歩きするような竹本も、役者と折合いが悪く、なかなか悩ましい。

義太夫は上方の語り物だから、上方役者のほうが協調しやすい。戦後、東京でも活躍した上方役者の三代目梅玉は、竹本にさほど注文はしないタイプだったらしい。どうしても「マ」が喰い違って芝居がやりにくい時は別として、「糸」には、なるべく好きなように語らせ弾かせて、それに芝居を合わせるようにしていたという。淡白な味を好む江戸歌舞伎、濃厚な味を好む上方歌舞伎、違いはあっても、私は糸にのった芝居を見たい。

今の歌舞伎を見ていて感じるのは、義太夫狂言で、糸にのって芝居を楽しませる役者がだんだん少なくなっていることで、それが寂しい。また、観客も、糸にのって楽しんでくれないのは残念だ。西洋のリズム感が優位になって、日本独特の「マ」が、定間《じょうま》になっていく傾向は否めない。

義太夫狂言を長年見てきた中で、糸にのって面白く芝居を見せてくれた第一人者は、三代目時蔵だ。晩年の時蔵だったが、強く印象に残っている役は、『重《しげ》の井《い》子《こ》別《わか》れ』の重の井と、『弁《べん》慶上使《けいじょうし》』のおわさである。

我が子と知りながら、三吉と悲しい別れをせねばならない重の井の、せつない胸の内。唯一度だけ交わった弁慶とおわさが、思いがけない対面をする場面で、おわさが見せる甘酸っぱい恥じらいの色気の表現。本当に芝居を楽しいものにしてくれた。

この三代目時蔵の名演は、「竹本」と「役者」の、みごとな合体がなせるわざであり、まさに「糸にのる人、のせる人」であった。

（『演劇界』演劇出版社、二〇二〇年四月号）

「火花散る舞台」とは

火花の散るような舞台を見たい——と誰もが感じているだろう。

それについて、『歌右衛門の六十年』（岩波新書）の中で、六代目歌右衛門に、直接、問いかけたことがある。

「火花を散らす舞台がほしいですね。この人とこの人が顔を合わせれば面白いのにと思っても、なかなか実現しないでしょう」

すると、歌右衛門はこう答えた。

「そう、火花を散らす舞台というのは、なかなか難しいことです。たとえば同年輩、同格で両方負けず劣らずの腕の人がいない場合は、火花を散らせるというところまでいかないと思いますよ。もし火花が散るというのなら、それこそ梅幸さんと私が『二人道成寺』でも踊れば、御見物には喜んでいただけるかしら……」

その時、私は、大正時代の市村座で、初代吉右衛門と六代目菊五郎が演じた数々の芝居を、残念ながら拝見できなかったことを痛恨事と受けとめた。おそらく、市村座時代の〝菊《きく》・吉《きち》〟の芸は火花散る舞台を見せたのだろう。今は『演芸画報』などで偲《しの》ぶしかない。

戦後の歌舞伎は「菊五郎劇団」と「吉右衛門劇団」の奮闘によって、数々の楽しさと感動を私たちに与えてくれた。両者の力は拮抗《きっこう》していたが、時代物は「吉右衛門劇団」、世話物は「菊五郎劇団」という漠然たる印象が私にはあった。しかし、この両者が合同でやれば、さぞや多彩な配役が実現しそうな気もした。

現在も「菊五郎劇団」は存在するが、座組みは自由自在になった。そして、時代物役者の代表格は二代目吉右衛門、世話物役者は七代目菊五郎、上方狂言は十五代目仁左衛門とすることに異論はなかろうと思う。

世の中は、まったく予想されないことが突然起るから面白い。菊五郎の息子菊之助と吉右衛門の娘瓔子《ようこ》さんが結婚するという情報を得たときは、まったくおどろいた。

その瞬間、私の脳裏に、「菊・吉」という二文字《ふたもじ》が走った。そして、これは時代物と世話物の縁結びだ、かつての市村座の芝居のような火花の散る芝居が、これからたくさん見られればよいが……と期待がふくらんだ。

平成二十五年(二〇一三)五月、歌舞伎座で上演された『石切梶原』はいい舞台だった。いちばん強く感じたのは、どちらかといえばこの芝居は、「梶原平三」の印象が強烈なために、「大《お》庭《ば》三郎」が弱くなってしまうきらいがあった。だから、いつも大庭役は梶原を演ずる役者に対して、比較的地味な幹部役者を配するということが多かった。しかし、平成二十五年の『石切』は、菊五郎が大庭を演じたため、梶原と対等、または上位に感じさせ、舞台がいつもより大きくなったのである。

菊五郎のセリフが素晴らしく、音吐朗々の中に品格が備わり、梶原の吉右衛門も、先代の大《お》播磨《はりま》とはひと味違った太い線の名調子に、気迫がこもっていた。私が昭和二十八年(一九五三)に見た初代吉右衛門は、すでにお歳をめしていたので、名調子には違いないが、どこかやさしい梶原平三との印象が強かった。しかし、二代目吉右衛門はまさに脂ののり切った迫力で演じてくれたのだから、いいはずである。

この吉右衛門と菊五郎のふたりが火花を散らす競い合いとバランスのよさは、最後まで心よい緊張を持って観ることができた。

また、六郎太夫の歌六、梢《こずえ》の芝雀(現雀右衛門)が堅実な演技で脇を支え、俣野《またの》五郎の又五郎も見事な赤ッ面でこのところの好調続きを立証した。義太夫狂言の楽しさも満喫できた立派なひと幕であった。

この年の十一月には『仮名手本忠臣蔵』が上演され、「四段目」の判官が菊五郎、大星が吉右衛門という組合わせも大満足で、判官は判官らしく、大星は大星らしく、〝演技の火花〟が散ったことも強い印象が残っている。歌右衛門の言うように、相手役に不足があると火花は散らない。同格の役者が負けずおとらず名演を見せてこそ火花は散るのだ。

折しもタイミングよく、友人から三遊亭圓生の『淀五郎』を演じたＤＶＤがおくられてきた。芝居噺のうまい圓生の話芸にうなった。

この噺は、江戸時代の「森田座」で『忠臣蔵』を出すことになったものの、判官役の役者が病気で出演できない。そこでまだ芸の未熟な澤村淀五郎が大抜擢《だいばってき》されることになった。

初日、「四段目」の判官切腹で淀五郎が腹を切った瞬間、花道から名優の市川團蔵の由良之助が出てきた。検使役の石堂が「近《ちこ》う、近う」と言っても、團蔵は花道に座ったまま動かない。若い淀五郎は、そんな型もあるのかなァと、舞台を終えたあとで聞くと、團蔵は、

「判官という、自分の大切な主人が腹を切ったから、近寄って悲しむのに、〝淀五郎〟では近寄れない」

と、答えた。つまり、淀五郎は「判官」になっていないのだ。

その二日目も同じだったので、淀五郎は自分の演技はそんなに未熟なのかと、知り合いの

「中村座」の座頭中村秀鶴《しゅうかく》のところへ、相談に行って教えを受ける。秀鶴は、淀五郎が判官になっていない、つまり、性根が判官になっていないのを指摘した。

どうしてよいのかわからない若い淀五郎は、團蔵を刺して自分も本当に腹を切ろうと覚悟した。そして、三日目の判官を演じた。團蔵の由良之助が花道に出てみると、淀五郎の演技がすっかり変っている。淀五郎の決死の芝居は團蔵の心を打って、花道から淀五郎の判官に「御《ご》前《ぜん》！」とかけ寄る。淀五郎は「待ちかねたァ」

芸格に差のある舞台は時代物でも世話物でも感動がなく、〝火花の散る芝居〟とは実力伯仲の役者どうしの競い合いがあってこそ成せるものなのだ。

『空ヲ刻ム者』の初日を観る

「ジャンルを越えて通用する歌舞伎とは何か。今に生きる歌舞伎を創造したい」

そんな四代目猿之助の夢がいよいよ現実味を帯びてきた。そのさきがけとも言える「スーパー歌舞伎Ⅱ」の初日を観た。

その日、平成二十六年(二〇一四)三月五日は、あいにくの雨だった。しかも午後から風雨が増すという。私は心の中で『空ヲ刻ム者』とは〝雨男〟のことかとひとり洒落《しゃれ》のめした。

タイトルの「空」にルビがふってないので、「ソラ」と読むか「クウ」と読むか迷ったし、「ヲ」とか「ム」という片仮名まじりのタイトルにしたところにも興味を抱く。

新橋演舞場前は長い傘の行列ができた。そのほとんどが若い女性で、普段の歌舞伎公演は中高年の御婦人が多いのと対照的だ。場内も、開演前のざわめきが、どこか若々しく感じられる。

すごい熱気の予感が走る。

それまでさがっていた緞帳《どんちょう》が定式幕に変り、下座の「しゃぎり」で幕が引かれ、いわゆる〝チョン、パッ〟の柝頭《きがしら》で一度に照明をつけると、出演俳優が〝口上姿〟よろしく、一斉に平伏している。客席から若い歓声が沸き立ち、猿之助や佐々木蔵之介はじめ一同がひとりずつ重々しく口上を述べた。

その中で一人だけ挨拶をしぶり顔も見せない。何かあるぞ……口上が終る。その一人だけを残して、一同が舞台の奥に入ると、やっと立ち上った謎の人物は、祈禱師《きとうし》(鳴子)役の浅野和之。この鳴子が芝居の狂言まわし(進行役)を終始つとめた。鳴子は「婆」(ばば)と呼ばれ、現代感覚を持ったユーモラスで軽快な動きをする妙な婆さん。新鮮味があった。

物語はこうである。

山間《やまあい》の村の若い仏師十和《とわ》(猿之助)と、その幼な友達の一馬《かずま》(佐々木蔵之介)は、共に、現状に不満を抱いている。病床の母親も救えない仏に絶望する十和。不作にあえぐ村人の暮しを改善できぬ政治に怒る一馬。一馬は都に出て官吏《かんり》の道をえらび、戸惑いつつも甘い汁を吸うことも覚える。十和は母を亡くして都に出て、いったんは盗賊の仲間になるが、次第に仏像の価値を理解するようになり、仏師として成長していく。二人が再会を果した時は、皮肉にも敵対関係におち入っていた。

そこから一気に舞台はクライマックスを迎える。邪悪な貴族の命令で、十和に仏像の制作を強要する一馬。「なぜお前と俺が争わねばならぬのか、もう争うのはやめよう」と懸命に説得する十和。聞き入れぬ一馬。遂に爆発した十和が「これが俺の彫った仏だ！」と厨子《ずし》を開けると、中はカラッポの「空」。このあたりの演出がすばらしく、大音響と同時に木くずに見立てた紙吹雪が舞台一杯、客席にまで舞いおりる。一馬は悪夢から目を醒まし、不動明王の霊験をうけた十和と共に空を翔《か》けて農民の元に向う。

私個人の印象から言えば、このスーパー歌舞伎Ⅱは成功である。猿之助は言う。「従来のスーパー歌舞伎では現代劇の俳優さんに歌舞伎の演技を求めたが、Ⅱ《セカンド》はそこが違う」。それが生きた。猿之助というねちっこい油と、佐々木蔵之介というサラサラした淡水が、合体したことによって、微妙な化学変化が起り、今回の成功を生んだ、と私は思った。

これまでの歌舞伎のノウハウ、つまり宙のり、殺陣《たて》、下座音楽、ツケ、見得、スッポン、廻り舞台、屋体崩しなどの智恵は従来通り生かしているが、今回は芝居の流れの中に自然に溶けこんでいる点も見逃せない。そして、これまでのスーパー歌舞伎に散見された、主役の説教調の長ゼリフが、とてもコンパクトに集約され、テンポアップに貢献しているのもいい。

更に、テーマが単なる昔話や夢物語ではなく、現代がかかえる宗教感覚や農政、そして〝老人と死〟の問題であり、〝今に生きる歌舞伎〟というねらいが的中した。

三代目猿之助の下で育ってきた右近（現右團次）、笑三郎、笑也、春猿（現河合雪之丞）、猿弥、そして門之助らが、実力と自信を持って堂々と演じているのもうれしかった。三越劇場で段治郎（当時月乃助、現喜多村緑郎）と春猿の『婦系図』を観たが、「型」を気にせず自身の感性で演じていた。こんなところにも彼等が歌舞伎役者として鍛えられた「芸」への自信が感じられる。右近の九龍ののどかさ、猿弥の五平も面白い。

参加した現代劇俳優の佐々木蔵之介（一馬）、福士誠治（伊吹）、浅野和之（鳴子）は、歌舞伎役者とは違う口語調で、サラサラと運ぶセリフで勝負したのがよい。時折、サービスのつもりか見得をしたが、芝居が安っぽくなる。蔵之介は立廻りも少し見せたが、踊りの基本である腰が入っていない。現代劇の俳優にそこまで望むのは無理。しかし「歌舞伎」というからには、本来の魅力の要素である歌（音楽性）と舞（舞踊性）と伎（わざ・芸）だけは大事にしたいと思う。その点での配慮はあった。例えば「第一幕」の開幕前は「しゃぎり」が、「第二幕」は雅楽風で笙《しょう》・篳篥《ひちりき》、「第三幕」は鼓と笛が使われていて、よき前ぶれになっていた。

前川知大の演出も楽しい。十和と一馬の対決シーンを最高に盛り上げるため、それまでは押え気味にすすめた運びから、一気に頂点にかけあがった演出はみごとだ。また、廻り舞台とセリを使って「死の世界」と「現世界」を遠近法で見せた第二幕のラストシーンがすぐれていた。

三代目猿之助は「とにかく客が一杯入る芝居を作ろう」と智恵をしぼったが、四代目は「一杯にした客を、一杯喜ばせよう」と考え「何を客が喜ぶのか」を精査して芝居づくりに臨《のぞ》んだにちがいない。「伝える」のではなく、「伝わる」という、受け手の反応を見極めての「スーパー歌舞伎Ⅱ」だった。終演後の嵐のような拍手と歓声、スタンディングオベーションが、それを立証した。

タイトルの「空」は、天翔《あまか》ける「ソラ」でもいいし、〝色即是空《しきそくぜくう》・空即是色《くうそくぜしき》〟の「クウ」かもしれない。ともあれ、三代目の財産をうまく生かし、四代目のセカンドが進化させた舞台が『空ヲ刻ム者』と言えよう。

ただし、「歌舞伎」という肥沃な土壌は、どんな苗でも育ててくれる。超娯楽作品の「スーパー歌舞伎Ⅱ」はたしかに面白いが、〝本格の歌舞伎〟とは一線を画すもの。「歌舞伎とは何か」を改めてつきつけられたような気がした。

（『演劇界』演劇出版社、二〇一四年五月号）

芸に遊ぶ「所作事」

自分の観劇歴をふりかえってみると、学生時代に、連日、劇場に通った頃の名舞台の印象が色濃く残っていて、そのなかの所作事の舞台にも傑作はいっぱいある。そうした舞踊劇から、今も忘れられない感動の踊りをひとつ選ぶのは、とても難しい。

歌舞伎の愉しみ方には、自分の贔屓《ひいき》する役者が舞台に登場するだけで満足、というのもあるし、誰がどの役を演《や》るか、その配役によることも大きい。だが、「この役だけは、どんな人が踊っても、どんな時代になっても、この役者のほかは誰もかなわない」という絶対的な当り芸というものもある。

私がまず思いつくのは、十七代目勘三郎の『お祭り（再爰歌舞伎花轢《またここにかぶきのはなだし》）』である。この踊りを最初に見たのは、昭和二十八年（一九五三）九月の歌舞伎座だ。それまでにも、南座や御園座で踊って好評だったらしいが、歌舞伎座では初めて踊った時だった。それ以来、十七代目勘三郎の『お祭り』は何度も見て、そのたびに惚れる度合いは増した。

一番心に残るのは、三十一年七月の歌舞伎座で、それまで一年近く休演していた十七代目が、病を克服して舞台に復帰した時の『お祭り』である。奇しくも、私が新人アナウンサーとして初任地のＮＨＫ青森放送局に赴任する日の前日が、この興行の初日だった。

明日は旅立ちで東京を離れる私、久しぶりに舞台に立つ十七代目、不思議なめぐり合わせの『お祭り』は絶対に見のがせない。初日のために進行がおくれて、夜十一時にやっと幕があいた。沸き起こる「中村屋！」の大歓声。

「嬉しいやら、ありがたいやら、踊る私の目に、もう涙が止まりませんでした。上がらないと思い込んでいた手も何とか上がる、足もどうやら動く、久々の初日を無事開けることができました」

『自伝 やっぱり役者』（文藝春秋）に書いているように、自分の体にさぐりを入れつつ程《ほど》よく踊ったのが、かえって江戸の鳶頭《とびがしら》の粋といなせな味をかもし出したのかもしれない。ちょっとした時の眼の色気、草履《ぞうり》を軽くひっかけた足どり、ひかえめの酔態、しぐさの一つひとつに〝含《がん》羞《しゅう》の江戸ッ子〟が匂い立った。大向うから、心をこめて、「待ってました！」と声を掛けると、「待っていたとはありがてえ」と、自然の受け渡しができた。大向うの「マ」にも、私は満足だった。

芝居や踊りの場合、「熱演」はいいのだが、熱演が欲しい場合と、さほど熱演しなくてもよい場面がある。そのあたりの「程」のよさが大切で、そうでないと「のっぺらぼう」になってしまう。十七代目の『お祭り』には、独特の粋と「マ」のよさがあり、他の追随を許さなかった。息子の十八代目勘三郎も「これだけは親父のようには踊れない」と吐露《とろ》していた。

もうひとつ、どうしても忘れられぬ舞台がある。昭和三十年七月歌舞伎座で上演された『夕《ゆう》顔棚《がおだな》』だ。

田舎のお盆の夜、夕顔棚の下で夕涼みをする老夫婦を描いた舞踊劇だ。婆《ばば》が二代目市川猿之助(初代猿翁)、爺《じじ》が七代目坂東三津五郎、この二人は、すでに老境に達していて役にはまっていたが、舞踊劇(川尻清潭作・坂東三津之丞振付)でありながら、「踊り」を感じさせなかった。肥えた婆を肥満体の猿之助に、枯れた細身《ほそみ》の三津五郎を爺に配したのが功を奏して、その姿を見せるだけで、老人のおかしみも哀感も表現できた。清元は、名人志寿太夫だ。

浴衣姿の三津五郎が呑みながら涼んでいると、婆の猿之助がオッパイ丸出しで風呂から出てくる。もちろん乳房が充分たるんだ肉襦袢《にくじゅばん》だが、満場の爆笑を誘う。

河原から盆踊り唄が聞こえてきて、「月に浮かれた踊りうた」の清元で爺が踊り出すが、その動きはいかにも枯れた風情で、動きがそのまま踊りになっている。その三津五郎の面白いこと！　婆の猿之助も負けじと踊り出し、若い頃の思い出を「案山子《かかし》をお前と間違えて抱きついたではないかいな」とのろけるが、この動きにも渋い味わいがあり、二人の踊り上手《じょうず》な役者の、長い芸歴に裏打ちされた自然体の芸に敬服した。まさに「芸に遊ぶ」とは、こういうことを指すのだろう。

そこへ、里の若い男女が盆踊りの輪をぬけ出してきて、爺と婆を迎えにくる。若男が十代目岩井半四郎、娘が三代目市川松蔦《しょうちょう》(のちの七代目門之助)で、このきらめくような美しい若者と老夫婦が、ちょうど「時分の花」と「まことの花」の対比となっていた。

「自分たちにも、あのような若い時があったなァ」との思いを秘めつつ、人生の山坂を二人で越えてきた老夫婦の満足感が、この『夕顔棚』から存分に伝わってきたのを忘れない。三津五郎と猿之助という踊りの名人あったればこそである。

(『演劇界』演劇出版社、二〇二〇年八・九月号)

Ⅳ

〈鼎談〉芝居好き仲間

加藤武・澤村田之助・山川静夫

鼎談《ていだん》の前に

突然、兄貴と慕う加藤武さんがいなくなってしまった。「いなくなった」と書いたのは、しばらくしたら戻ってきてくれるという気持を捨て切れないからだ。

加藤さんとの出会いは、私がＮＨＫアナウンサー時代、ゲストでたびたび出演して下さったのが縁である。特に、六代目歌右衛門の話が出た時は、声色を互いに駆使して意気投合。それからは手紙のやりとりが激しくなり、必ず、「成駒屋の声色で読む」というきまりだった。

映画では『犬神家の一族』の警察署長のように、いかめしい風貌で頑固一徹な役が多かったが、この築地河岸生れの江戸っ子は、やさしく、謙虚で、正義感が強かった。

加藤さんが一番恐れた人物は文学座の杉村春子で、いつも、叱られた時のサマを声色で再現してくれた。

「アナタねぇ、人間誰でも年は取るの。お正月にお雑煮食べて、ニコニコ、ヘラヘラしてりゃァ、誰だって年は取ります。でもネ、それだけじゃァダメ。ほかに、なにかが(ここで激しく卓をたたく)なくっちゃァ」

晩年は、「文学座」ならぬ「文楽」の竹本住大夫《たけもとすみたゆう》さんに傾倒していた。文楽公演に通い続け、

住大夫が登場すると、破鐘《われがね》のような声で、

「住大夫、待ってました！」

と、声を掛けていた。

住大夫が平成二十六年（二〇一四）に引退した時、「日本経済新聞」の文化面に「もう叱ってくれる人がいない」と題して、師と仰ぐ杉村春子の存在や、住大夫が語る『沼津』の平作《へいさく》の「呼吸《いき》づかい」や「音《おん》づかい」のすばらしさを、滋味深く語っていた。

人間国宝の澤村田之助《さわむらたのすけ》さんは、銀座「泰明《たいめい》小学校」へ加藤さんと一緒に通った仲で、私とも共通の古い友人だ。この田之助さんと加藤さんと私は、ひそかに「三人の会」と称して、昨今の風潮を憂い、芸を語る宴を続けていた。田之助さんは横綱審議委員会の委員だったこともあり、三人で大相撲見物も楽しんだ。

最後は平成二十七年三月三十日。加藤さんが『夏の盛りの蝉のように』主演などの実績で読売演劇大賞優秀男優賞と同芸術栄誉賞を受賞したのを祝う「三人の会」だった。その夜も話は盛り上がったが、「今の若い人にいくら昔の芸を語っても、わからないのが残念」と異口同音。加藤さんはお気に入りの一句を揮毫された。

「桜咲く　今に通じぬ　わがはなし」

銀座のタウン雑誌『銀座百点』の七百号記念誌に掲載された鼎談を再録させていただく。

「三人の会」見参

加藤　楽しみにしてました、この日のくるのをね。山川さんに、三人の仲をつないでもらってから、もう何回目かなあ、集まるの。

山川　ぼくの番組に、加藤さんにゲストで出ていただいて、そして加藤さんと田之助さんは泰明小学校の同窓生、田之助さんとは、ぼくがＮＨＫの大阪局にいたときにお知り合いになって。そして縁あって、いつからか三人でご一緒するようになりましたよね。加藤さんは、生粋の築地っ子であり銀座っ子でしょ。

加藤　そうそう。

山川　田之助さんは、江戸っ子なんだけれども、疎開で伊東へ行っていますよね。

田之助　はい。

山川　ぼくは静岡出身の、根っからの田舎もんで。

加藤　いやいや、なにをおっしゃる。

山川　きょうは、その三パターンの人間が、お話しをするというわけですね。田之助さんは、二〇一一年から二年間、『銀座百点』で「銀座つれづれ」を連載なすってましたよね。

加藤　そうそう、その文章が、素直っていうか、昔の役者さんたちの話し言葉ですよね。それで、謙虚。

田之助　いやいや、とんでもないです。

山川　田之助さんの演技はいつも自然体でね、声もあまり変わらないで、女形《おんながた》でも立役でもお演《や》りになるでしょ。文章もやっぱりね、お人柄が出てました。そして、江戸っ子っていうのは、謙虚ですよね。

加藤　しゃしゃり出ないんだ。

山川　そう、控え目。

加藤　悪く言やァね、根性なし。

山川　それで、照れ屋でね。

加藤　こういう、役者とか競り合う世界は向きませんね。すぐに引いちゃうから。

山川　加藤さん、子どものころは、案外引っ込み思案だったらしいですね。

加藤　そうです。意外にでしゃばりじゃなかった。

山川　それでお母さんがずいぶん心配なさって、運動会の徒競走のとき……。

加藤　そうそう。私は運動神経なかったんだ。徒競走でも、「ヨーイ」の号令におこづき、「ドン」で下がっちゃう。

山川　「ドン」で下がっちゃうわけ？

加藤　そう。

山川　じゃあ、勝ち目はないね（笑）。

加藤　そうすると、おふくろは負けず嫌いだから、じれったがって、運動会の朝、マーキュロで「韋駄天《いだてん》」て右のふくらはぎに書いたんだ。そしたら、マーキュロがなくなっちゃって、水で薄めて左には「燕《つばめ》」って書いた。でも、またビリになっちゃった。母親が、「水で薄めて書いたから負けちゃったんだよォ」って（笑）。

田之助　でも、加藤さん、よく泰明小学校の土俵で相撲取ってましたよね。

加藤　あんまり強くなかったんだけどね。

田之助　そう、強くなかったの。そんなこと言っちゃいけないけど（笑）。

山川　銀座の人たちは、お相撲の詳しい人とか、垢ぬけた人がたくさんいらっしゃいますね。田之助さんは、マニアになっちゃったわけだけど。

田之助　ええ、マニアが高じちゃってね、役者よりも、相撲の横綱審議委員会のほうが忙しかったみたい（笑）。

加藤　田之助さんは、謙虚だからなにも語らないけども、子どものころから、十両以上の番付とか出身地を、全部覚えてるんだよね。

田之助　そうです。それが、六代目菊五郎にかわいがられた理由なんです。

加藤　それで音羽屋がおもしろがって、ご贔屓《ひいき》んとこ行っちゃ、「おい坊や、番付空《そら》で言ってみな」って言わされたんですってね。双葉山が七十連勝阻止されたときも、田之助さんは六代目と見てるんだ。こんな人いないよ。当時、山川さんはおいくつ？

山川　ぼくは六歳です。

加藤　昭和十四年(一九三九)というと、私は小学校三年生。あの時代は、もちろんラジオだけでしょ。

山川　そうですよ。

加藤　炬燵にあたって、おせんべいバリバリかじりながらラジオを聴いてたら、いやァー、負けたでしょ。どの家でもみんな聴いてるから、「わーッ」と家の中で言ってる声で、いっせいに街がどよめいていた。

山川　双葉山は、もう六十九連勝していて、結びの一番は聴かなくてもいいっていうふうにみんな思っていたところへ、安藝ノ海が勝ったもんですからね。「果たして七十連勝なるか？七十は古稀、古来稀なり！」って、ＮＨＫの和田信賢が名放送したんですね。そのころは、相撲の放送がものすごくおもしろいんです。たとえば、「若葉山　紅葉のころに　立ち上がり」。若葉山は仕切りが長いから。

加藤　ははー。なるほどォ。

名優たちの思い出

山川　ぼくが銀座に縁があったのは、歌舞伎のおかげです。加藤さんは、空襲で歌舞伎座が焼けるところを、じかに見ているんですよね。

加藤　そう、この目で見たんだ、焼け落ちんのを。歌舞伎は小さいときから観てるから、拠《よ》り所だったんだ、心のね。

田之助　ぼくら、泰明小学校の行き帰りに、歌舞伎座の前を通るんですよね。

加藤　戦争が激しくなってくると、集団登校になった。田之助さんがくるのが楽しみなんだ、芝居の話が聞けるから。でも、なかなかこないんだよね。だって、前の晩も、遅くまで子役で出てるんだから。

田之助　今の子役は、自分の役をすますと、わりとすぐにみんな帰っちゃうんですけれども、ぼくたちの時代は、そうじゃないですからね。

山川　最後まで、ちゃんと残ってた？

田之助　ええ、そうですね。残って、お芝居を、黒衣《くろご》を着て観てたんです。

加藤　黒衣を着なきゃいけないんですか？　皆さん黒衣持ってらした？

田之助　はい、持ってました。ぼくは学生のころ、芝居ろくに観てないから、幕溜《まくだま》りでノートをいろいろとってたら、「ノートをとっちゃいけない、ちゃんと頭で覚えなさい」って八重之助さんに言われました。昔は、鯉三郎さんとか多賀之丞さんとか、いろいろ言ってくださる方が、たくさんいたんですよ。

山川　ノートがダメってことは、ましてやビデオとか録音なんて無いんですから、昔は。

田之助　そうです。今はね、若い人が、役のことについて教わりにこなくなっちゃった。ぼくらは、先輩になんでも教わりに行ったもんですけど、今はほとんどこないですよ。

山川　上手《かみて》も下手《しもて》も、幕溜りに黒山の人ですよね、昔は。

田之助　ええ、今は幕溜りに入っちゃいけないんですけどね。それで、最後まで舞台を観てから家へ帰ってくると、夜の九時近くなんです。それからご飯食べますからねえ。

山川　で、朝、加藤さんが待ってると、そこへ田之助さんが駆けつけるわけだ。

加藤　そうすると、私が、「遅いおそォ〜い」。

山川　師直だ。

加藤　とたんに、「遅なわりしはァ、拙者の誤り」って返ってくるからうれしいじゃない。ガキが道端で歌舞伎ごっこしてたんだ。

山川　師直が待ってちゃあねえ。田之助判官も大変ですね。

加藤　それでねえ、田之助さんはいいにおい！　子どもはみんな店のにおいしょってるからね。天ぷら屋は油臭いし、魚屋は生臭いし、医者はクレゾールのにおいがするしね。だけど、田之助さんはおしろいのにおいなんだよ。おまけに、話に出てくる役者が、友右衛門でしょ、お祖父さんの宗十郎、六代目、羽左衛門、梅玉、そういう名優ばっかり。もう、うれしくなっちゃう！

田之助　今は、そういう方々と、舞台で共演したことのある役者って、もうほとんどいませんからねえ。

山川　昭和十六年、田之助さんの初舞台の『伽羅先代萩《めいぼくせんだいはぎ》』なんか、ほんとにすごい顔ぶれ。八汐が十二代目の仁左衛門でしょ、政岡が……。

田之助　祖父です。七代目宗十郎ですね。栄御前が尾上多賀之丞さん。

加藤　言うことないね。

山川　ああー、いいねえ。

田之助　それで、沖の井が父の田之助、松島が十六代目の市村羽左衛門さん。

山川　それにしても、田之助さん、疎開する前に舞台に立っていてよかったですよね。戦後には、田之助さんは伊東に行ってしまったんだから、その後では間に合わない。昭和二十四年に、六代目は亡くなってしまったわけですからね。あの年は幸四郎も死んだ、それから……。

田之助　祖父の宗十郎も亡くなりました。

山川　伊東から東京に帰ってらしてから、田之助さんは二十八年に舞台に復帰なすって。そのころは、由次郎でしたよね。そうそう、小泉信三さんが、由次郎さんのファンで。

田之助　そうなんです。なんでそうおっしゃってくだすったか、わからないんですけどもね。ぼくは六代目にも、それに歌右衛門と梅幸という二大立女形《たておやま》にも教わることができて、とても運がよかったと思います。

加藤　歌右衛門さんはね、私は、歌舞伎座の稽古場で初めて会った。萬屋錦之介の興行に出てたんだ。それで、成駒屋がお帰りになるときに、周りがみんな直立不動になってるから、私もならって、「あの、あたくし今、錦之介さんのお世話になっております」「ア、あなたが、萬屋さんに。マッ、マッ、ご苦労さま」って丁寧に挨拶してくれた。こっちは「ウヒャー」と恐れ入って頭を下げた。そしたら、二、三歩行くか行かないうちに、「あの人、だァーれ？」(笑)。

田之助　歌右衛門さんのことで、ぼくの思い出に残っているのは、ぼくが『加賀見山旧錦絵《かがみやまこきょうのにしきえ》』の尾上を、芝翫さんの代役で演ったときですね。なんとか自分一人でセリフを覚えて、それで翌日演ったら、夜の十一時過ぎに、歌右衛門さんから自宅に電話がかかってきたんです。

「あんた、よく演ったね。偉かったよ。ただね、一つだけ……」と言われて、「わかりました。じゃ、これからご自宅に伺います」って言ったら、「とんでもない。十一時過ぎに家へこられても困っちゃう。ヤだよ。電話で言うからね」って、あの尾上の手紙の読み方を、全部泣き声出してやってくれたんです、電話口で。すごかったですよ。歌右衛門さんは、梅幸兄さんの教え方とは、まったく違いましたね。梅幸兄さんは、どっちかっていうと、野放図にさせてくださいましたから。でも、やっぱり、厳しかったですけどね。

「遊び」は「ゆとり」

山川 昔は、千穐楽《せんしゅうらく》に〝そそり〟を演ってましたよね。主役と脇役が交替して、幹部が丁稚演ったりとかね。

加藤 〝そそり〟、そうそう。よく演ったねえ。女形が立役演ったり。そういうことやってたんだ、シャレで。このごろは俳優祭とかで演るだけだ。

山川 そういう「遊び」は、当時の心のゆとりなんでしょうか。ぼくが思うに、芸というものは、やっぱり遊びの部分がないと。理詰めじゃあダメでしょう。感性を鍛えないとね。普段の生活、遊びが、やっぱり舞台に生きるんじゃないでしょうか。

加藤 あ、それは大事。いいことおっしゃいますねえ。

山川　加藤さんに言われちゃしようがないな(笑)。

加藤　私が印象に残ってる舞台は、『一本刀土俵入《いっぽんがたなどひょういり》』。喜多村緑郎(先代)さんがお蔦、田之助さんが子役のお君で、駒形茂兵衛が六代目。最後のほうで、茂兵衛が「早く逃げてください」って言って、お蔦一家を逃がすところで、お蔦が、それまで忘れていた茂兵衛のことを、「思い出した」って言う。思い出すタイミングが難しいそうだけれども、その「思い出した」は、喜多村が最高によかった。

田之助　そう、六代目のおじさんが、あんな素敵な「ああ、思い出した」っていうのはないよ、って話してらっしゃったのを覚えてます。

加藤　そらァもう極めつきだ。

田之助　喜多村さんは、新派の女形さんですから、メーキャップでも、歌舞伎のものとは全然違うんですよ。おもしろい顔して出てくるなあと、ぼくらは思ってましたねえ。

加藤　化粧法が違う？

田之助　ええ、違うんです。わりと現代ふうな眉毛なんか描いたりして。

山川　杉村春子や水谷八重子が芸者を演るのに、喜多村緑郎や花柳章太郎といった人たちの古い女形芸を学んだんですよね。杉村春子は喜多村さんをずうっと客席で観てて、着物の着方とか、ちょっと衣紋《えもん》を抜いて着るでしょ。

田之助　そうなんですよね。

山川　その杉村さんが、文学座の大将として、また加藤さんに威張るわけだ（笑）。

加藤　それが勉強になりました。年功序列関係ない、満座ん中で、「タケさん、そんな芝居じゃダメでしょ！　あんたがダメんなるとね、あたしまでダメんなるんだから」って怒られるからね。もう、恥ずかしいもへったくれもないんだ。だから私たちはみんな、天狗になってる暇がない。今でも、ああー、もっと怒ってもらいたかったなあと思います。あの人の名ゼリフは、「あのねェ、人間、誰だって年は取んの。お正月になってお雑煮を食べて、ニコニコ、ヘラヘラしてりゃア、誰だって年取れんのよ。でもネ、それだけじゃァダメ。年取るゥ～、ほかに、なにかがァ～（トンと卓を叩いて）、なくちゃッ」。

山川　杉村！

加藤　これが決め言葉だった。決して難しい言葉では言わないけど、その「なにか」がなにとは言わない。でも今考えると、やっぱり生活です、山川さんがおっしゃった。生活の中で突きつめて突きつめて、そういうふうになにかを求めて生活してなきゃ。寝てたって年は取れんだから。

山川　そうですねえ。竹本住大夫さんもね、「山川はんなあ、人間てなあ、最後の勝負は人間性やで」って言いますね。

加藤　深みのある言葉ですね。

山川　確かに、技術は多少伴わなきゃいけないけれども、最後はやっぱり、「ああ、いい役者だった」っていうのは、いい人だった、いい人間だったっていうことだと思うんです。悪い人間は、ダメですね。

田之助　それは確かにそうだと思います。ぼくが、子役のころ六代目菊五郎のそばについてていちばん感じたのは、そういうことですね。

加藤　住大夫さんが杉村さんを好きだったんだ。名人が名人を称した言葉はね、「あの人はね、芝居せんと芝居してはりまんな」。

山川　やっぱり最後は自然体ですね。つまり、自然体というのは、人間性がそれを表現するわけでしょ。人間性がそのまま出ちゃうわけ。それが自然ですよね。それにね、加藤さん、感性ですよね、芝居は。感覚がわかんなきゃダメですよ。

加藤　それを言われちゃったら、ぐぅの音も出ない。

山川　客席もそうですよ。

加藤　感性っていうのは、持って生まれたもんで、努力してつくもんじゃないと思います。

山川　芝居を観るのも理屈じゃないんです。感性を養わないと芝居見物はできない。

加藤　だから感性のある役者には、もうおじぎ。かなわない。

山川　見巧者っていうのも、感性があるっていうことですよね。田之助さんも、数年前の『演劇界』のインタビューで、やっぱり、お芝居というものは、感覚で観てもらいたいとおっしゃってるんですよね。

田之助　そうなんです。理屈で掘り下げるものでもないですからね、お芝居は。

心の故郷・銀座

山川　歌舞伎座が昭和二十六年に再開して、その一年後にぼくは静岡から上京したんです。それで二十八年一月の歌舞伎座に初めて立ち見で入ったんですよ。『籠釣瓶花街酔醒《かごつるべさとのえいざめ》』、初代吉右衛門の次郎左衛門で、八ッ橋が歌右衛門、治六は八代目幸四郎。

加藤　はァー、山川さん、いいの観てますね。

山川　みんな、「播磨屋ァ！」「成駒屋ァ！」ってやってるでしょ。世の中には、こんなものがあるのかと。まさに、次郎左衛門が八ッ橋に会ったようなものですよ、歌舞伎座とぼくの対面も。一気に歌舞伎にはまりましたね。それである日、有楽町で電車を降りて、尾張町通って歌舞伎座のほうへ行こうと思ったら、たしか三原橋のあたりの店に、小冊子が置いてあったんです。きょう持ってきましたけど、それが『銀座百点』の第一号です。

加藤　いよーッ（拍手）。すごォーい。

田之助　おおーっ！　これは珍しいものですね。
山川　歩いているときに、ふと見つけたんですよ。「ご自由にお持ちください」と書いてあった。これが昭和三十年の一月号です。これが二月号。
田之助　へッえエー。五十年以上前のものですか。山川さん、よく持ってらっしゃいますねえ。
山川　もうほとんどないと思う。それが、ぼくと『銀座百点』との縁なんですよ。後に、ぼくがエッセイを書くようになって、第一回の「歌右衛門の疎開」から、向田邦子さんと隔月の連載をはじめたんです。だから、『銀座百点』に、ぼくはすごくお世話になってるんですよね。
加藤　一号、もういっぺん、とくと見せて。
山川　ぼく最初に見たとき、きれいな本だなあと思いましたよ。引っ越しのたびに持って行きましたからね。
加藤　ウワァ！　久保田万太郎も書いてるんだ。源氏鶏太、中村汀女……あ、写真家の田沼武能も。すごいメンバーだねえ。
山川　銀座は、静岡から出てきたばかりのぼくに、歌舞伎という宝物を与えてくれたんです。その銀座がこのごろ、なんだか変わっちゃいましたよね。
田之助　ああ、たしかにそうですねえ……。
山川　昔の人は、やっぱり銀座に対する誇りが高かったですね。銀座はひとつのステータスっていうか、みんなちょっと無理してたでしょ。

田之助　ほんとにそうです、ぼくもそう思います。

加藤　今、私は、銀座へ出てきても田舎っぺなんだ。街並みがどんどん変わっちゃうからね。こういうことがありました。銀座で住大夫を囲む会があった。ビルの何階かの中国料理屋でやるっていうんだけど、ぜんぜんわからない。銀座でウロウロする自分が情けなかった。ええい、ままよとばかり名物四丁目交差点の交番に飛びこんだ。そしたら、なんのことはない、鳩居堂の裏のビルなんだ。そこで一句、「如月や　銀座で道訊く　屈辱感」。

田之助・山川　うまい、うまい(拍手)。

加藤　この私が、銀座で道訊《き》いちゃいけないやねえ。

山川　案外、訊けないものですよね。

加藤　そう。銀座じゃ訊けませんよ、プライドがありますからね、銀座で育った。

山川　銀座にくる人は、少し背伸びして無理をするというところがないと、やっぱりダメだと思うんです。それに今は、歌舞伎座でもジーンズでくるでしょう。やっぱり昔は、どういうものを着て行こうかって、みんなあれこれ考えましたよね。

田之助　気張ったんですよ、ほんとに。今とは、全然感覚が違ってました。

加藤　母も姉も、芝居見物の前の日は、一日じゅう「着物どれ着て行こうか」って悩んでた。

それで芝居を楽しんで帰って来た姉が着物を脱ぐと、袂《たもと》から芝居の雪がこぼれ落ちるんだ。

田之助　わっ、それは素敵、いいですねえ。

加藤　かぶりつきで観てたんでしょうね。

山川　田之助さんが『銀座百点』でずっと書かれてて、食べ物とかそういうものを、昔のことを思い出して、いろいろ書いてくださるでしょ。

加藤　ほんとにすごい記憶力。

山川　「ああー、昔はよかったなあ」とか、かつての雰囲気を思い出しますね。銀座は、確かにいいものがあったし、お値段も高いですけど、学生時代は、ちゃんとぼくらの行くようなところもありましたよね。

田之助　そうです、そうです。それで、高いところは、先輩方が連れて行ってくださってね。「ブロードウェイ」っていうBARとか、そういうところ、いろいろありましたよ。

山川　大向《おおむこ》うの仲間たちも、そんなに金持ちじゃなかったんですけど、先輩方が、「おい、学生さん、あんたらはゼニがねえだろうからな、おれについてこい」って言って、安い寿司屋へ連れて行ってくれましたよ。「高いもん食うなよ」ってイカばっかり食わされるんです、わさびが透きとおって見えるような薄いイカ(笑)。「はあー、早くサラリーマンになって、寿司屋で、あれをくれ、これをくれって言いたいなあ」っていうことが、ひとつの憧れになるわけですね。

田之助　そうですよね。ほんとに銀座っていうのは、人に憧れを抱かせる街ですね。

山川　今もそうだといいんですけどねえ。だからいつもこの三人は、昔を偲び……。

加藤　「ままならぬ」

山川　「世の中じゃなあ～」

田之助　しかし、お二人とも、ほんとによくセリフが出てきますよね。ぼくなんか、自分以外のセリフは、けっこう忘れちゃいますよ（笑）。

加藤　それだけたくさん芝居を観てるってことです。澤村、山川、加藤の『三人吉三』は、注釈抜きで話が通じるからうれしくなっちゃう。

山川　ツーと言えばカーって、なかなかいかないですよね。

加藤　そう。ほかの人だと、話しながらいちいち解説しなきゃなんない。

山川　だいたい嘆き節で終わるんです、この三人は（笑）。でも、そういう人があっていいんですよ。だから我々三人は、なるべく長いこと生きて、なるべく嘆き嘆いて、はかなんで（笑）。三人で昔の話をしているのはほんとに楽しいですからね、こうやって、ずうっといろいろな話を三人で語り合っていたいですね。

（『オール讀物』文藝春秋、二〇一五年十月号／『銀座百点』銀座百店会、二〇一三年三月号）

あとがき

東洋文庫（平凡社）の『名ごりの夢』に、明治の團・菊の印象が語られています。語り手は八十代の老女今泉みねで、彼女が観た團十郎（九代目）、菊五郎（五代目）の役者ぶりが、素直なことばで表現されています。

素人批評でおかしな愚かしいことを申すようですが、私にはどうしても役者としての団十郎はなくなってしまって、大星としての団十郎きり考えられぬくらいなのです。何かほかの役になったとき、「おやおや今日は大星が大変いきなことをしていること」とひょっと思ってしまいます。

菊五郎は当時梅幸ともいっていいなせな役者でした。粋で粋で固めたようで、半纏着《はんてんぎ》などさせたらそれこそ江戸一日本一といえましょう。その菊五郎が明治になると洋服を一番がけに着てみようと思ったらしく、そこに音羽やの気性が出ていると思います。

私が観たこともない團・菊が、あざやかに浮びあがり、九代目の大星由良之助の重厚さや、五代目の世話物がいかに粋だったか、楽しく想像できます。

私が、昭和・平成・令和と長いあいだ楽しませてもらった歌舞伎の芸は、遠い昔の團・菊の芸とは、かなり違った味だったのかもしれませんが、私は私なりに、とても、いとしく思われます。

コロナにはひどい目にあいましたが、観客のない芝居や、大向うのない歌舞伎が、どれほどつまらないかを教えてくれました。劇場に絶対必要なのは観客の存在です。役者と観客が協力して、すばらしい演劇空間を作り出すところに醍醐味があるのです。しかし、このところ観客の感じ方が少し変ってきたのを心配します。まるで歌舞伎の学校で授業をうけているようで、実に堅苦しいです。もっと楽しんで観てほしいのに――。

また、役者の、芸に対する修業の時間が短かくなってきた感じがします。歌舞伎の芸は、役者が長い苦しい体験を積み上げて深かみを増していくものですが、今のデジタルの便利さやスピードに影響されてか、とにかく、あわただしくなりました。

芸は一朝一夕には熟成しません。「芸」と「デジタル」は相性がわるいのです。それとも、私が〝團菊じじい〟になってしまったのでしょうか。

このたび、米寿記念として、つたない歌舞伎の思い出ばなしを、岩波書店の中嶋裕子さんのお力添えによって出版できることに感謝し、同じく中嶋さんに御協力いただいた『山川静夫の文楽思い出ばなし』(平成二十九年出版)の姉妹本としてもお読みくだされば幸甚です。

令和三年八月

山川静夫

山川静夫
1933(昭和8)年静岡市生まれ．國學院大學文学部卒業後，NHK入局．1968年より東京アナウンス室に配属．「ひるのプレゼント」「ウルトラアイ」など人気番組の司会を担当．紅白歌合戦司会を通算13回務めるなど，NHKの顔として活躍した．専務理事待遇特別主幹を経て1994(平成6)年定年退職．現在は，エッセイストとして講演・執筆・評論などで幅広く活躍している．1990年，日本エッセイスト・クラブ賞受賞．主な著書に，『山川静夫の文楽思い出ばなし』(岩波書店)，『綱大夫四季―昭和の文楽を生きる』『歌右衛門の疎開』(以上，岩波現代文庫)，『歌右衛門の六十年―ひとつの昭和歌舞伎史』(共著，岩波新書)，『歌舞伎の愉しみ方』(岩波新書)，『文楽の男―初世吉田玉男の世界』『文楽の女―吉田簑助の世界』(以上共著，淡交社)など多数．

山川静夫の歌舞伎思い出ばなし

2021年 8月27日　第1刷発行
2021年10月15日　第2刷発行

著　者　山川静夫《やまかわしずお》

発行者　坂本政謙

発行所　株式会社 岩波書店
〒101-8002 東京都千代田区一ツ橋2-5-5
電話案内 03-5210-4000
https://www.iwanami.co.jp/

印刷・精興社　製本・牧製本

ISBN 978-4-00-025359-8　Printed in Japan